Eva-Maria Bast | Heike Thissen

Geheimnisse
der Heimat

50 spannende Geschichten aus
Überlingen

edition SÜDKURIER

Bast, Eva-Maria; Thissen, Heike

Geheimnisse der Heimat: 50 spannende Geschichten
aus Überlingen

edition SÜDKURIER. Konstanz 2011
ISBN 978-3-00-035898-2

Covergestaltung: Cornelia Müller
Layout: Julia Blust, Stefanie Kuklau
Grafik: Stefanie Hutsch, Jessica Steller
Druck: werk zwei Print+Medien Konstanz GmbH

Inhalt

Vorwort

Was ist unsere Heimat? Zunächst einmal etwas sehr Deutsches, denn in kaum eine Sprache lässt sich der Begriff in unserem Sinne übersetzen. Literaten, Künstler, Heimatforscher haben sich fast hundertfach an Definitionen versucht – doch vollständig gelungen ist keine Deutung, denn jeder Mensch versteht unter seiner Heimat etwas anderes. Dennoch – und das ist bemerkenswert – erlebt die Heimat eine Renaissance.

Die Renaissance der Heimat ist vor allem die Entstaubung eines Begriffs, der jahrzehntelang muffig vor sich hinrottete. Nach den Zeiten, in denen die Welt am deutschen Wesen noch genesen sollte, verklebte die Heimat zwischen schnulzigen Alpenfilmen und Herrenabenden, wurde ab 1968 wieder ideologisiert und politisiert und fast zermalmt. Das zarte Pflänzchen, das blieb, treibt nun wieder aus. Die Heimat ist nicht mehr klebrig oder muffig. Man zeigt Fahne und Frohsinn und haucht der Heimat neue Frische ein. Das tut gut. Produkte aus der Umgebung sind gefragt, Urlaub in Deutschland ist in und Vereine haben bei uns im Südwesten kaum Nachwuchsprobleme. Es tut den Menschen gut, zuhause zu sein und dieses Zuhause auch zu pflegen. Ein Ausdruck des liebevollen Umgangs mit der Heimat lässt sich bei uns praktisch jedes Wochenende beobachten: Mal sind es Musikabende, mal Sportveranstaltungen, mal Wein- oder Trachtenfeste. Dabei steht die Tracht für Erinnerung und Beständigkeit und in den Kleidern steckt keineswegs Muff – sondern Lebensfreude.

Diese Lebensfreude gilt es einzufangen und zu konservieren, denn sie ist Ausdruck des Zusammenhalts einer Region und damit ein Teil der Zukunft. Zu dieser Zukunft gehören auch Heimatzeitungen wie der Südkurier. Diese Zeitungen haben sich zum Ziel gesetzt, ihren Lesern das Zuhause so zu schildern wie es ist: abwechslungsreich und bunt, manchmal auch schwierig, aber immer besonders. Für sein Lokalkonzept „Lust auf Heimat" wurde der Südkurier mit dem Deutschen Lokaljournalistenpreis 2010 ausgezeichnet und bestärkt, diesen Weg weiter zu gehen. Denn die Zukunft liegt nicht in der Ferne, sie liegt in der Nähe.

Die Autorinnen Eva-Maria Bast und Heike Thissen haben beim Thema Heimat ganz genau hingesehen. Dabei spürten sie nicht der Frage nach, was ihre Heimat ist, sondern wie sie ist – nämlich zauberhaft, spannend und geheimnisvoll. Eva-Maria Bast und Heike Thissen machten sich auf die Suche, um spannende Dinge in der Heimat zu finden, die fast jeder kennt – aber kaum jemand beachtet. Dinge, an denen man vorbeigeht, ohne das Geheimnis dahinter zu erfragen. Sie recherchierten in Archiven und alten Bibliotheken und entlockten vielen Menschen in der Region ihr Wissen. Entstanden ist ein Band mit 50 Geschichten, die die Heimat noch liebenswerter machen. Geschichten, die so in Reiseführern nicht zu finden sind. Geschichten, die sowohl Einheimische als auch Touristen bereichern.

Aber was ist unsere Heimat? Nur 19 Prozent der Deutschen verbinden mit dem Begriff Heimat tatsächlich auch ihr Heimatland. Für die meisten von uns verbindet sich mit dem Begriff Heimat etwas ganz Eigenes: ein Gefühl vielleicht, der eigene Geburtsort, die Kindheit – vor allem aber ein Wert, der in der immer komplexer werdenden Welt wieder wichtig wird. Im Rückbezug auf die Heimat liegt eine tiefe Sehnsucht nach Ordnung und Verlässlichkeit, einem geschützten Raum, der Handlungssicherheit gibt. Eine Sehnsucht, die vor allem bei den jüngeren Menschen in Deutschland immer stärker zunimmt. Heimat erfährt eine Renaissance.

Die Sehnsucht nach Handlungssicherheit ist aber gleichsam Ausdruck einer zunehmenden Orientierungslosigkeit, der Furcht vor dem Ungewissen und quälenden Fragen: Ist mein Geld noch sicher, bleiben die Zeiten friedlich, werde ich in der Nähe Arbeit finden? Heimat als Zauberformel reduziert die Komplexität der Welt, insofern kann man die Rückbesinnung auf Heimat durchaus auch als Warnsignal, einen leisen Hilferuf nach Ordnung verstehen – uneingeschränkt gut ist das nicht. Noch nie waren die Menschen im Nachkriegsdeutschland so intensiv gezwungen, die Heimat zu verlassen, um neue Heimaten zu finden. Manche gehen wegen der Ausbildung, die meisten wegen besserer Arbeitsplätze. Dörfer, auch bei uns im Südwesten, bluten aus und in mancher Stadt in Ostdeutschland werden ganze Viertel abgerissen, weil die Menschen nicht zurückkehren werden. Vielen Deutschen im Osten ist die Heimat abhanden gekommen und damit ein Teil der Identität. So vermengen sich entwurzelte Identitäten aus Deutschland und der Welt an neuen Orten und schaffen neue Heimaten. Längst riecht es auch bei uns nicht mehr nur nach Felchenfilet und Rehrücken, es duftet auch nach Pizza und nach Kebabfleisch.

Aber können neue Heimaten auch überall entstehen? Das ist fraglich, denn Heimat eint nicht nur, sie grenzt auch aus, da reicht ein Blick in die unmittelbare Umgebung. Wer anders spricht als wir, und sei es nur der Dialekt, wer anders aussieht, ist erst einmal keiner von uns. Es gibt Städte, die organisieren Treffs von Landsmannschaften: Sachsen treffen Sachsen, Berliner treffen Berliner, Saarländer treffen Saarländer. Heimat scheint begrenzt, und so verbinden auch nur 19 Prozent aller Deutschen mit dem Begriff Heimat ihren Geburtsort, 36 Prozent dagegen ihren Wohnort und weitere 36 Prozent finden Heimat in der Familie.

Eva-Maria Bast und Heike Thissen fühlten sich nach der Recherche für diesen Band ein kleines Stück zu Hause in dieser Stadt. Heimat, stellten die Autorinnen fest, beginnt da, wo man sich für die Geschichte einer Stadt interessiert, wo man Menschen trifft und spricht, die in ihrer Stadt verwurzelt sind. In diesen Momenten, erzählten die zwei, sprang der Funke der Heimatliebe, der in jeder Stadt anders leuchtet, auf sie über.

Nehmen Sie sich die Zeit und spüren Sie den Geheimnissen der Heimat nach. Nach der Lektüre dieses Bandes werden Sie manche Ecke der Stadt mit ein wenig anderen Augen sehen. Dieser Blick fürs Besondere lohnt sich.

Herzlichst Ihr

Stefan Lutz
Südkurier
Chefredakteur

Die Autorinnen

 Eva-Maria Bast, Jahrgang 1978, arbeitet seit 1996 als freie Journalistin, seit 2003 hauptsächlich für das Südkurier-Medienhaus. 2005 schloss sie ihre Ausbildung zur Journalistin an der Fernakademie Hamburg ab. Im Mittelpunkt ihrer journalistischen Arbeit stehen Geschichten über Menschen in besonderen Lebenssituationen, über soziale Brennpunkte sowie Beiträge zur Landes- und Kommunalpolitik und geschichtliche Abhandlungen. 2005 gründete sie das Presse- und Kulturbüro „Schriftwerk Bodensee", das 2011 in das „Büro Bast und Thissen" überging. Seit 2003 ist Eva-Maria Bast auch als PR- und Kulturmanagerin tätig. Im Oktober 2011 begann sie ihr Studium der Geschichte an der Open University in Milton Keynes, England. Eva-Maria Bast hat drei Kinder und lebt mit ihrer Familie in Überlingen am Bodensee.

 Heike Thissen, Jahrgang 1980, ist seit ihrem Abitur 1999 im Journalismus zuhause. Sie hat an der Universität Leipzig Diplom-Journalistik und Amerikanistik studiert und im Südkurier-Medienhaus in Konstanz volontiert. Nach mehreren Jahren als Redakteurin beim Südkurier arbeitet sie seit 2010 als freie Journalistin für Zeitungen und Zeitschriften. Im Mittelpunkt ihrer Beiträge stehen dabei immer die Menschen, die eine lesenswerte Geschichte zu erzählen haben. 2011 schloss sie sich mit Eva-Maria Bast zum „Büro Bast und Thissen" zusammen und legt hier ihren Schwerpunkt auf Frauen- und Familienthemen sowie auf Sonderveröffentlichungen, Kunden- und Mitarbeitermagazine. Heike Thissen hat ein Kind und lebt mit ihrer Familie in Konstanz am Bodensee.

1

Halten gern mal ein Schwätzchen am „Latschare-Eck": Hausbesitzer Ulrich Krezdorn (links) und Brauchtumskenner Thomas Pross.

Latschare-Eck

Der neugierige Gaffer

Als es noch keine Zeitung gab, tauschte man in Überlingen Neuigkeiten am so genannten „Latschare-Eck" aus. Dieses befand sich passenderweise an der Kreuzung Franziskanerstraße/Marktstraße/Münsterstraße/Christophstraße: einem zentralen Punkt, an dem sich eine vortreffliche Sicht in alle Himmelsrichtungen der Stadt bot und wo man beim Austausch von Neuigkeiten ob der Zentralität des Platzes kaum Gefahr lief, Interessantes zu verpassen. Und es gibt jemanden, der all diese Überlinger Neuigkeiten über viele Jahrhunderte hinweg in seinem steinernen Schädel gespeichert hat: den „Latschare", auch „Gaffer" genannt, der am Eckhaus Franziskanerstraße/Christophstraße hängt. „Im Volksmund wird das Hauseck ‚Latschare-Eck' oder auch ‚Maulaffen-Eck' genannt", erklärt Hausbesitzer Ulrich Krezdorn. „Der Latschare lauscht auf die Neuigkeiten, die man sich am Eck erzählt, dort, wo sich die Wege kreuzen, wo man miteinander leveret (rumpalavert)." Und obwohl der Südkurier, und vor ihm der Seebote, stets brandaktuell informieren, werde das „Latschare-Eck" immer noch gerne genutzt. „Das erlebe ich vor allem nachts, wenn die Kneipengänger heimkehren. Der eine muss in die eine, der nächste in die andere Richtung und am Eck wird dann noch ein bisschen geleveret", sagt Ulrich Krezdorn. Diesen Gesprächen lausche nicht nur das steinerne Männle, sondern auch mancher Hausbewohner mit Spannung, gibt er augen-

> **So geht's zum Latschare-Eck:**
>
> Das Latschare-Eck befindet sich in Überlingen an der Ecke Franziskanerstraße/ Christophstraße.

zwinkernd zu. „Das ist ein wahnsinnig neugieriges Eck. Die Figur will unbedingt wissen, was da unten los ist, und den Hausbewohnern geht's auch nicht anders." Ob dieses Geständnisses stellt der Überlinger Brauchtumskenner, Architekt und Narrenvater Thomas Pross, schmunzelnd fest: „Ulrich Krezdorn ist der eigentliche Latschare."

Der Gaffer am „Latschare-Eck" mit Jahreszahl.

Wobei Krezdorn höchstens ein Nachkomme des steinernen Männles sein könnte: Ist der Optiker doch in den besten Jahren, während die am Hauseck angebrachte Sandsteinfigur schon einige Jahrhunderte auf dem Buckel hat. Sie wurde beim Bau des Hauses um 1540 aus einem einzigen Stein gehauen, bemalt und mehrfach nachkoloriert. Rechts und links der Figur finden sich die Jahreszahl 1540 und die Initialen J. und B. „Man nimmt an, dass das Haus von einem Johann Beck erbaut wurde", berichtet Krezdorn. Bei diesem Beck habe es sich vermutlich um einen Verwandten der Familie Beck gehandelt, die damals die Münsterapotheke besaß. Johann Beck sei auch mit dem folgenden Besitzer des Hauses, dem Maler Melchior, verwandt gewesen, weiß Ulrich Krezdorn. Melchior der Maler habe in der Werkstatt des Meisters Engelhard Hoffmann gearbeitet, der 1518 den Auftrag für den Hochaltar der Franziskanerkirche erhielt.

Die Initialen J. B. erinnern vermutlich an Johann Beck, den Erbauer des Hauses.

Übrigens hatten die späteren Besitzer des Hauses anscheinend bereits mit der gleichen Verkehrsproblematik zu kämpfen wie die heutigen Anwohner des viel befahrenen „Latschare-Ecks". Wie auf einem datierten Bild der Fotografenfamilie Lauterwasser zu sehen ist, hing 1895 am Haus ein Schild, auf dem stand: „Um die Ecke langsam fahren." Was Thomas Pross zu dem Kommentar veranlasst, dass es sich bei dem Gaffer auch um die Urform eines Tempoblitzers handeln könnte.

Eva-Maria Bast

2

Auf diesem Bänkle verbrachte schon manch heimliches Paar glückselige Stunden.

Hueschtebänkle

Liebesglück an einem verborgenen Ort

Dass auf diesem geheimen und sehr verborgen liegenden Bänkle mal einer allein sitzt, kommt sehr selten vor. Meist frönen hier Liebende der süßen Zweisamkeit. Aber ein solches Paar zu finden, das auch noch bereit ist, seine Geschichte zu erzählen und sich fotografieren zu lassen, ist fast unmöglich. Nicht etwa, weil es in Überlingen keine Liebespaare gibt. Nein! Wer dieses Bänkle miteinander teilt, ist meist heimlich liiert – und will es auch bleiben.

Kuscheln im Verborgenen: Das Hueschtebänkle ist von außen nur schwer einsehbar.

Das Bänkle trägt den interessanten Namen „Hueschtebänkle". Was es damit auf sich hat? Einer Überlinger Sage nach ist die lauschige Sitzgelegenheit, die sich in einer Nische in der Stadtmauer hinter dem Gallerturm befindet, schon in der ersten Hälfte des 20. Jahrhunderts Treffpunkt für heimliche Liebende gewesen. Damals soll es in Überlingen eine Art Geheimsprache unter den Frauenhelden und Romantikern der Stadt gegeben haben: War das Bänkle bereits belegt, wenn ein anderer den schmalen Weg entlangkam, „hueschtete" der auf dem Bänkle weilende Herr dezent. Klares Signal für das herannahende Liebespaar: Hier ist schon besetzt.

So geht's zum Hueschtebänkle:

Das Hueschtebänkle in Überlingen erreicht man, wenn man die Sebastian-Kneipp-Steige links des Parkhauses West in der Christophstraße emporsteigt und dann auf halber Höhe um den Gallerturm herumgeht. Man kann das Bänkle auch von der Straße „Zum Gallerturm" aus erreichen, wenn man die Stufen am Turm bis zur Plattform nach unten steigt und dort den Turm umrundet. Ein zweiter Zugang führt über die Treppe der Freiluftbühne im Stadtgarten.

Eva-Maria Bast

3

Günter Sauter am heute noch erhaltenen Ende des Hochgängles, das zwischenzeitlich in einen Hausgang mit Treppenhaus umgewandelt wurde.

Hochgängle
Längst vergangene Gaumenfreuden

Drachenfutter für die Frau Gemahlin. Himmlisch klebriges Eis für fünf oder zehn Pfennige, besonders gerne gegessen von Überlingens Lausbuben. Köstliche Meringen und Mohrenköpfe zur Fastnacht. Und süßer Trost in beiden Kriegen. Diese zuckrigen Verlockungen des damaligen Cafés Hoch schmeckt mancher Altüberlinger heute noch auf der Zunge. Doch es gibt noch etwas, das an die Gaumenfreuden von einst erinnert: Am Überlinger Münsterplatz, neben dem Eingang zum Modehaus Munding, dort, wo die Kinder einst ihre tropfenden Eistüten abholten, befindet sich an der Haustür ein Gitter mit eingelassenen Brezelchen. Und auf dem Sturz darüber steht, rechts und links neben einer eingehauenen Brezel: „Hans Jacob Schamler 1697." „Bei Schamler hat es sich wahrscheinlich um den Erbauer und ersten Bäcker des Hauses gehandelt", vermutet Günter Sauter, heutiger Eigentümer des Gebäudes und Enkel des Mannes, der für die süßen Überlinger Gaumenfreuden verantwortlich zeichnete: Karl Hoch. Ganz früher befanden sich die Tür und der Sturz noch auf der anderen, der Franziskanerstraße zugewandten Seite des Hauses. Es war die offizielle Eingangstür zum Café Hoch, das später von Konditormeister Josef Geiger und danach,

> **So geht's zu den Hochgängle-Relikten:**
>
> Das Überlinger Hochgängle führte einst durch die Häuser Franziskanerstraße 8 und 10. Die eingelassenen Brezelchen sind auf dem Münsterplatz direkt neben dem hinteren Eingang des Kaufhaus' Munding zu sehen.

bis 1972, von Günter Sauter geführt wurde. Hier schritt man hindurch, wenn man „Drachenfutter" für die Gattin oder andere Leckereien kaufen wollte. Der Begriff „Drachenfutter" wurde übrigens von Konditormeister Josef Geiger geprägt, der den Herren den Erwerb der Leckereien für die Gattin vor allem dann ans Herz legte, wenn sich die abendliche Herrenrunde im Café Hoch gar zu lange hingezogen hatte.

Für Überlingens Kinder freilich war die dem Münsterplatz zugewandte Seite die viel wichtigere. Zwei Sorten Eis wurden hier verkauft: Vanille und Himbeere. „Kaum ein Eis hat je wieder so gut geschmeckt wie jenes für zehn Pfennig und von der Erinnerung verklärt", erinnert sich Dorothee Kuczkay im Südkurier vom 1. Juni 1999. Auch

Die Türe mit dem Brezel-Gitter.

Günter Sauter, ob seines Eis- und Zuckerwaren produzierenden Großvaters wohl einst der meistbeneidete Junge der Stadt, hat Erinnerungen an seine Kindheit im Eisparadies. „Im Haus gab es ein kleines Bächlein, das war das Kühlwasser, das in einer Rinne nach draußen floss." Und die Überlinger Kinder, erinnert

Das Haus vom Münsterplatz aus betrachtet.

sich Günter Sauter, saßen immer auf Brennholzbeigen, die an der – heute nicht mehr bestehenden – Mauer zum Modehaus Munding gestapelt waren. Günter Sauter kramt noch weiter in seinem Gedächtnis: „Es stand noch ein Haus mehr auf dem Münsterplatz", erinnert er sich. „Dort, wo jetzt die Terrasse von

Der Sturz über der Eingangstür.

‚Cristallo Eis' ist, befand sich eine Münsterbauhütte, in der Zwetschgen und Birnen gedörrt wurden." Die Eismaschinen, berichtet Sauter, hießen Rex und Lore. Und er selbst habe immer nur Vanilleeis essen wollen. „Und wenn es kein Vanilleeis gegeben hat, habe ich geweint und bin zornig geworden."

Das Café Hoch erstreckte sich über zwei Häuser: die Franziskanerstraße 8 und die Franziskanerstraße 10. Die Häuser waren aneinandergebaut, doch es führte ein öffentlicher, flurartiger Gang hindurch, das so genannte „Hochgängle", das auch von Fuhrwerken passiert wurde. Da früher die alte Lateinschule auf der nördlichen Seite des Platzes stand, habe das Hochgängle als Feuergang gedient, erklärt Günter Sauter. Es habe zwischen dem Café und dem Laden, in dem Backwaren verkauft wurden, hindurchgeführt. „Meine Großmutter musste immer über den Gang laufen, um zu bedienen", erinnert er sich. Da dies sehr umständlich war, habe man das Hochgängle später verlegt, es auf der rechten Seite entlangführen lassen und das Café mit dem Laden zusammengeschlossen. Doch das Gängle habe der Familie ziemliche Probleme bereitet, denn „die Betrunkenen saßen manchmal nachts hier rum und haben gelärmt", sagt Sauter. Nach langen Diskussionen mit der Stadtverwaltung sei ihnen schließlich, unter Bürgermeister Anton Wilhelm Schelle, erlaubt worden, das Gängle zu schließen, gegen Bezahlung von 12.000 Mark.

1972 hat Günter Sauter sein Elternhaus schließlich umgebaut. Eines der beiden Häuser ist nun ein Mietshaus – der Hauseingang ist zugleich das hintere Ende des alten Hochgängles. Das Haus, in dem Eis verkauft wurde, bewohnt Günter Sauter selbst, die Tür mit den Brezeln ist seine Haustür. Und das ehemalige Café Hoch hat er an einen Gewerbetreibenden vermietet.

Immer noch isst Günter Sauter gerne Vanilleeis. Sein Glück, dass er in direkter Nachbarschaft zu einer Eisdiele wohnt. Wutanfälle bekommt der Pensionär heute freilich nicht mehr, wenn das Vanilleeis mal aus ist. Doch gutes Eis, erklärt der Konditormeister, gehöre einfach zu seinem Leben dazu und sei durchaus ein Faktor für gute Laune.

Eva-Maria Bast

4

Wer nicht nach unten schaut, sieht sie nicht: die Hochwassermarke in der Löwengasse.

Hochwassermarke
Wie ein Vulkan den See auffüllt

Wer durch die Löwengasse geht, will entweder auf kürzestem Weg an den Bodensee oder auf die Hofstatt. Dabei lässt sich auf den wenigen Metern des schmalen Gässchens nachvollziehen, wie eng die Geschichte Überlingens mit der der restlichen Welt verwoben ist. Schließlich befindet sich am Nordostende der Straße, an der Ecke zur Hafenstraße, auf Knöchelhöhe ein geheimnisvoller rechteckiger Sandstein, auf dem neben einer waagrechten Linie noch eine Inschrift zu erkennen ist. Es handelt sich um die Wasserstandsmarke aus dem Jahr 1817. Ihre eingemeißelte Linie zeigt eindrucksvoll, wie hoch das Wasser des Bodensees in jenem Sommer in der Stadt stand. Dass dafür weder Regen noch normales Schmelzwasser, sondern vermutlich ein Vulkan im rund 11.000 Kilometer entfernten Indonesien verantwortlich war, ist heute kaum noch bekannt.

> **So geht's zur Hochwassermarke:**
>
> Die Marke, die an das Hochwasser in Überlingen erinnert, befindet sich an der rechten Seite des Gebäudes Hofstatt 2-4 in der Löwengasse.

„Das Hochwasser 1817 wurde meiner Erkenntnis nach durch eine weltweite Naturkatastrophe ausgelöst", erklärt Stadtarchivar Walter Liehner. „Durch den Ausbruch des Tambora-Vulkans in Indonesien 1815 wurden riesige Mengen Asche in die Atmosphäre geschleudert. Das führte 1816 zum ‚Jahr ohne Sommer' mit viel Regen, Schnee und dadurch zu Ernteausfällen und Hun-

In unmittelbarer Nähe zur Hofstatt und doch außerhalb des Blickwinkels befindet sich die Hochwassermarke in der Löwengasse.

gersnöten." Weil die gewaltige Explosion im April 1815 riesige Mengen an Schwefelteilchen in die Stratosphäre geschleudert hatte und diese noch Monate und Jahre später weniger Sonnenlicht zur Erde durchließen, wurde es deutlich kälter. Besonders stark waren diese Auswirkungen im Jahr 1816 zu spüren: Zentraleuropa erlebte eine Hungerkatastrophe. Vor allem unmittelbar nördlich der Alpen gedieh kaum noch etwas, weil es zu kalt für Getreide und Gemüse war. Das Elendsjahr heißt auch „Achtzehnhundertunderfroren". Ein Jahr später dann stiegen die Temperaturen im Frühjahr auf ein Normalmaß an, der Schnee aus zwei Jahren schmolz und verursachte das Hochwasser im Bodensee, was erneut zu Hungersnöten führte. So wurde unter anderem Überlingen Opfer von einem der größten Vulkanausbrüche, die die Welt bis heute erlebt hat.

Die Hochwassermarke zeigt noch deutlich den Wasserstand aus dem Jahr 1817.

„Das muss ein besonderes Ereignis von verheerendem Ausmaß gewesen sein", mutmaßt auch Ansgar Schmal von der Unteren Denkmalschutzbehörde. Er weiß aber auch, dass das Überlinger Zeugnis dieser Naturkatastrophe in der Löwengasse vor einigen Jahren beinahe für immer verlorengegangen wäre: Bei der Sanierung der Gebäude Hofstatt 2 und 4 wurde auch die Außenfassade bearbeitet. Ein Maurer nahm es wohl gar zu genau und bedeckte die Hochwassermarke kurzerhand mit Putz. „Wir mussten die Marke wieder freilegen lassen", erinnert sich Schmal. So ist sie auch heute noch zu sehen und erinnert weiterhin nicht nur daran, wie schicksalhaft eine Stadt wie Überlingen mit einem Vulkan im weit entfernten Indonesien verbunden sein kann. Sie kündet auch davon, wie empfindlich das Klima und wie machtlos der Mensch gegenüber solchen Naturgewalten ist.

Heike Thissen

5

Ob nüchtern oder angeheitert: Noch heute kann man auf dem Saufwegle des Medizinalrats Eduard Würth wandeln.

Saufwegle

Sicheres Torkeln für einen Medizinalrat

Das Problem, trotz zu starken Alkoholgenusses noch geradeaus gehen zu können und nicht zu stolpern, beschäftigt manch einen Mann – und gelegentlich auch eine Dame – zu fortgeschrittener Stunde nach einem Gang durch die Überlinger Kneipen. Doch wie leicht haben es die alkoholisierten Menschen heute im Vergleich zu ihren Vorfahren! Man stelle sich vor, in stark angetrunkenem Zustand über unwegsames Gelände stolpern zu müssen! Trinkfreudige Herrschaften waren mit diesem Problem noch Anfang des 20. Jahrhunderts gar nicht so selten konfrontiert – damals waren viele Straßen entweder noch unbefestigt oder durch unebene Pflasterung regelrechte Stolperfallen. Doch wer Geld hatte, wusste sich zu helfen. So auch der Großherzoglich Badische Bezirksarzt und Medizinalrat Eduard Würth. Er ließ sich im Winter 1904/05 zwischen seinem Wohnhaus in der Mühlenstraße – dem heutigen Parkcafé – und seiner Lieblingskneipe – dem „Christophskeller" neben dem heutigen Drogeriemarkt Müller – mit Platten aus Tessiner Gneis einen Weg legen. Auf diesem, im Volksmund liebevoll „Saufwegle" genannt, kann man heute noch wandeln. Die großen, hellen Platten sind bis auf kleinere Zwischenabschnitte durchgehend erhalten. Sie führen von der Mühlenstraße über den nördlichen Bürgersteig der Münsterstraße in die Christophstraße – vom „Christophskeller" ist heute allerdings nichts mehr zu sehen. Die Kneipe hat ihre Pforten längst für immer geschlossen.

> **So geht's zum Saufwegle:**
>
> Der Plattenweg beginnt vor dem Überlinger Parkcafé in der Mühlenstraße 5, führt durch die Münsterstraße in die Christophstraße und endet dort zwischen dem Haus Nummer 27 und dem Haus Nummer 29.

Eva-Maria Bast

An diesem Eck soll im 14. Jahrhundert ein toter Knabe gefunden worden sein. Dieses Vorkommnis war Anlass für eine Hetzjagd auf unschuldige Überlinger Juden.

Der kleine Ulrich

Ein toter Knabe und grausame Morde

Eine Straße, ein Altersheim mit dem Namen St. Ulrich und ein Eckhaus an der Ecke St.-Ulrich-Straße/Mühlbachstraße künden von einer tragischen und in Vergessenheit geratenen Geschichte von Verleumdung und Judenhass, vom Tod eines Kindes und von der Hinrichtung von rund 300 Juden.

Dort an der Ecke soll 1331 ein totes Kind in einer Pfütze oder einem Brunnen aufgefunden worden sein: der Knabe Ulrich, Sohn des Ledergerbers Frei oder Frey, später „Der gute Ulrich" genannt. Er war eines Tages plötzlich verschwunden und wurde wenig später ermordet, mit durchgeschnittenen Pulsadern, in einem Brunnen gefunden.

„Der Mönch Johann von Winterthur berichtete, dass dieses Christenkind von Juden getötet worden sei. Dafür gebe es sichere Anhaltspunkte", erzählt der Überlinger Historiker Oswald Burger. Die schmerzgepeinigten Eltern seien in der Stadt herumgezogen, um die Bürger gegen Juden aufzuhetzen. Den Leichnam des Knaben Ulrich soll man vor die Häuser der Juden gelegt haben, wo die Wunden angeblich wieder zu bluten begannen. „Dieses Gerücht nahmen die Bürger als Beweis für die Schuld der Juden", sagt Burger. Schien sich das Vorkommnis doch damit zu decken, was man ohnehin schon zu wissen glaubte: dass es die Juden an ihren Festen auf das Blut junger Knaben abgesehen hätten. Später hieß es, sie hätten den Mord nicht selbst ausgeübt, sondern den Auftrag dazu dem christlichen Wächter des jüdischen Friedhofs gegeben.

Mitglieder der jüdischen Gemeinschaft in Überlingen wurden gefangengenommen und grausam gefoltert. Und unter der Qual der Schmerzen „gestanden" die Gepeinigten das, was man von ihnen hören wollte – den Mord am Knaben Ulrich. Retten konnte sie dieses wohl falsche Geständnis freilich kaum: Man ließ zwar zunächst von ihnen ab, doch nur, um sie wenig später hinzurichten. Auch der beschuldigte christliche Knecht starb, er fand den Tod durch Selbstmord. Sein Motiv ist allerdings nicht bekannt. „Der voreingenommene und abergläubische Johann von Winterthur berichtet dies so: Der Knecht habe geschworen, der Teufel solle ihn holen, wenn er am Mord des Knaben irgendeine Schuld trage, und da habe ihn buchstäblich der Teufel geholt", erzählt Oswald Burger.

Etwa zehn Jahre nach dem schrecklichen Ereignis begann man vom kleinen Ulrich als einem „Wunderknaben" zu sprechen. Der Berichterstatter Vitoduranus schrieb von einer Heilwirkung des Wassers im Brunnen, in dem der Knabe gefunden wurde. Und die Überlieferung sagt, er sei in einem Sack über das Obertor und den Mühlberg getragen und in einen Brunnen geworfen worden. Die Straße wurde später nach ihm benannt und an der Stelle, an der der kleine Ulrich gefunden wurde, wurde die St.-Ulrich-Kapelle erbaut, auf deren Wänden man die Geschichte des Jungen malerisch darstellte. Der kleine Ulrich wurde zunächst auf dem Barfüßerkirchhof beerdigt, später überführte man den Leichnam in die St.-Ulrich-Kapelle.

Heilig gesprochen wurde der Knabe nicht, man nannte ihn daher „Gut Ulrich". „St. Ulrich ist also im Grunde ein angemaßter Titel für das Kind", meint Oswald Burger.

Die an der heutigen Ecke St.-Ulrich-Straße/Mühlbachstraße stehende Kapelle wurde 1820 in ein Wohnhaus umgewandelt, das heute noch bewohnt ist und in dessen Keller Reste des Kirchleins erkennbar sind.

Zur Zeit des Umbaus in ein Wohnhaus war man sich der Legende des kleinen Ulrichs durchaus noch bewusst. Theodor Martin, fürstbischöflicher Hofkaplan in Meersburg, soll „mit nachweisbar falschen Angaben" (Oswald Burger) erzählt haben, die Juden hätten das Knäblein abgefangen und zu Tode gemartert. Daraufhin habe ein Jude das Kind in einem blutigen Sack zur Stadt hinausgetragen, sei dabei jedoch vom Turmbläser entdeckt worden. Dieser habe Lärm und damit auf den flüchtenden Juden aufmerksam gemacht – so habe man den Leichnam gefunden und an dieser Stelle die St.-Ulrich-Kapelle errichtet.

So geht's zu den Ulrichs-Relikten:

Das Haus über der Überlinger St.-Ulrich-Kapelle ist das Eckhaus St.-Ulrich-Straße (Auerbuckel)/ Mühlbachstraße. Das Alten- und Pflegeheim St. Ulrich liegt in der St.-Ulrich-Str. 20.

Der Judenhass wurde in den Wochen und Monaten nach dem Tod des kleinen Ulrichs immer stärker. Anfang März 1332 wurden alle Juden, die sich in Überlingen aufhielten, in die Judenschule gelockt. Man sperrte sie ein, errichtete einen riesigen Holzstoß und zündete ihn an. „Als die Flammen das Haus ergriffen, stiegen die unschuldigen und unglücklichen Juden in die höheren Räume und aufs Dach. Einige warfen Balken und Steine auf ihre unten stehenden Mörder, aber sie konnten dem in dichten Haufen um das brennende Haus stehenden gläubigen Volk nichts anhaben", schreibt Oswald Burger in seiner Veröffentlichung „Juden in Überlingen". Zwischen 300 und 400 Juden kamen in den Flammen um. Und wer sich aus dem Feuer retten konnte, soll erbarmungslos niedergemetzelt worden sein.

Danach lebten nur noch sehr wenige Juden, nämlich diejenigen, die durch einen glücklichen Zufall zum Zeitpunkt der Morde nicht in der Stadt gewesen waren, in Überlingen. Die Stadt wollte das Eigentum der ermordeten Juden für sich in Anspruch nehmen – was sich die Hinterbliebenen nicht bieten ließen.

Die Folge war ein lang andauernder Rechtsstreit, der bis vor den Kaiser ging. Als dieser sich zwei Jahre nach den grausamen Judenmorden nach Überlingen begab, verurteilte er die Überlinger zu einer Geldstrafe und ließ einen Teil der Stadtmauer niederreißen. Weiter regelte er die Ansprüche der hinterbliebenen Juden gegen die Stadt. Ihnen war durch das Verbrechen auch materiell Schaden zugefügt worden. Ihre Forderungen sollten sie nun nach Konstanzer Stadtrecht vor dem Konstanzer Ammann bis zu einem bestimmten Termin anmelden.

Doch auch diese wenigen Überlinger Juden wurden einige Jahre später, am 11. Februar 1349, ermordet. Dies geschah im Zusammenhang mit den 1348 in ganz Deutschland beginnenden Judenverfolgungen. Die Juden waren beschuldigt worden, die Pest durch Vergiftung öffentlicher Brunnen hervorgerufen zu haben. In Überlingen wurden alle Juden verbrannt und die Synagoge abgerissen.

Eva-Maria Bast

In den Felsen gehauen und heute vergittert und vergessen: die Katharinenkapelle.

Katharinenkapelle

Von einem Sturz und Schutzengeln

Die Geschichte der völlig vergessenen und recht zugewachsenen Katharinenkapelle ist eine, die an Schutzengel glauben lässt. Sie geht so: 1562 pflügte ein Bauer hoch oben auf dem Katharinenfelsen sein Feld. Zwei Ochsen zogen den Wagen, auf dem auch das kleine Kind des Bauern saß. Die Ochsen kamen zu nah an die Felskante heran, stürzten in die Tiefe und rissen das Kind mit sich hinab. Weder den Ochsen noch dem Kind stieß etwas zu, obwohl der Abhang enorm steil und die Fallhöhe riesig war.

Aus Dankbarkeit dafür, dass das Ereignis so glimpflich ausgegangen war, habe man eine Tafel gemalt, auf der das Ereignis festgehalten war, erklärt Stadtarchivar Walter Liehner. Diese habe man dann als Votivtafel in der Katharinenkapelle angebracht, die auf der Höhe der heutigen Städtischen Wasserversorgung in Brünnensbach in den Felsen gehauen war.

Die Kapelle wurde im Jahre 1353 vom Edlen Eberhard von Frickenweiler, Bürger zu Überlingen, gestiftet. Er benannte die Kapelle nach seiner Tochter Katharina, einer Klosterfrau aus dem Kloster Wald. „Es wird berichtet, dass in dieser Felsenkapelle uralte Bilder im byzantinischen Stil gewesen sein sollen", schreibt Gustav Rommel in seinem Werk „Goldbach –

So geht's zur Katharinenkapelle:

Die Katharinenkapelle liegt in Überlingen-Brünnensbach im Molassefels an der Uferstraße zwischen Überlingen und Sipplingen auf der Höhe der Städtischen Wasserversorgung.

Der Innenraum der Kapelle.

Ein Beitrag zur Orts- und Kulturgeschichte der ehemaligen Reichsstadt Überlingen".

1846 wurde die ursprüngliche Kapelle im Zuge des Straßenbaus zerstört (siehe Geheimnis 41). Doch zwölf Jahre später entstand, etwa an der gleichen Stelle, die neue und heute noch sichtbare Katharinenkapelle. Sie soll mit einer „alten Statue der Heiligen" und einer „neueren Madonnenfigur" ausgestattet gewesen sein. Heute ist von den beiden Figuren nichts mehr zu sehen. Die Kapelle ist mit einem Gitter verschlossen, steinerne Sitzbänke rechts und links weisen aber darauf hin, dass sie früher frei zugänglich war. Und eingeritzte Herzchen und Initialen über den Bänken künden von Liebespaaren, die die verborgene Sitzgelegenheit wohl kräftig nutzten, bevor die Kapelle in Vergessenheit geriet. An der Rückwand der Kapelle befinden sich ein Kreuz und Fragmente eines Bildes, auf dem sich aber praktisch nichts mehr erkennen lässt: „Kaum einer kennt sie, keiner hat sich je um sie gekümmert", bedauert Liehner. Doch ganz vergessen ist zumindest die Geschichte der herabstürzenden Ochsen und des Kindes nicht: Im Städtischen Museum gibt es eine 1830 entstandene Kopie der vermutlich zerstörten Originaltafel, auf der das Ereignis dargestellt ist.

Eva-Maria Bast

Kustos Peter Graubach mit einem Stein der Gerichtsbarkeit im Museumsgarten.

Steinerne Hände

Kampf den Langfingern!

In Überlingen wird nicht geklaut! Da herrschen Recht und Ordnung! Und wessen diebische Hand sich selbstständig machen und am Besitze anderer vergreifen sollte – dem wird sie abgehackt! Nein, so hart verfahren die Überlinger Gesetzeshüter längst nicht mehr mit Straftätern. Doch zeugen noch zwei Steine davon, wie man sich seinerzeit vor Dieben zu schützen suchte. Einer der Steine steht im Museumsgarten, ein zweiter ragt in luftiger Höhe aus der Westseite des Aufkircher Tors. Auf beiden ist eine – allerdings schon recht verwitterte – Hand zu sehen. „Diese Steine symbolisieren die Hohe Gerichtsbarkeit, auch Blutgerichtsbarkeit, die einst in der Stadt herrschte", erklärt Kustos Peter Graubach. „Die Steine sollten möglichen

Der Stein der Gerichtsbarkeit.

Straftätern gleich am Stadttor zeigen, dass man Kriminalität innerhalb der Stadtmauern nicht duldete." In der Stadt Meersburg, in der sich ebenfalls noch ein solcher Stein befinde, sei sein Signal noch deutlicher als in Überlingen. „Da wird neben der Hand auch ein Beil gezeigt. Das soll symbolisieren, dass im Sinne der Gerechtigkeit auch Blut vergossen werden darf", erzählt der Kustos. 1384 übertrug König Wenzel IV., ältester Sohn Kaiser Karls IV., der Stadt die Blutgerichtsbarkeit oder die Hohe Gerichtsbarkeit für die Straftäter, die auf dem Territorium der Stadt aufgegriffen wurden. Die Bezeichnung „Blutgerichtsbarkeit" stamme daher, dass zur Bestrafung auch Blut vergossen, also der Täter auch getötet werden durfte, erklärt Graubach.

Aus der Westseite des Aufkircher Tors ragt in luftiger Höhe ein Stein der Gerichtsbarkeit.

Wie auf einer dem Stein zuge-ordneten Tafel im Überlinger Museum zu lesen ist, war die Hohe Gerichtsbarkeit „eines der wichtigsten Privilegien der Stadt und führte wieder-holt zu Kontroversen mit den Inhabern der Hohen Gerichts-barkeit in den angrenzenden Territorien."

Eva-Maria Bast

So geht's zu den steinernen Händen:

Die steinerne Hand befindet sich in Überlingen auf der westlichen Seite des Aufkir-cher Tors in der Aufkircher Straße 56. Die Hand im Städtischen Museum steht im Museumsgarten in der Krummebergstraße 30.

9

Das Schild verkündet stolz die besondere Eigenschaft des Winkels.

Süßer Winkel
Von Zuckergebäck und käuflicher Liebe

Im Westen der Überlinger Innenstadt, der so genannten „Fischer-häuser Vorstadt", dort, wo der Blatterngraben an die Stadtbefes-tigung stößt, gibt es ein verwunschenes Plätzchen mit interessan-tem Namen: „Süßer Winkel" steht da auf einem schmucken, blauen Straßenschild zu lesen. Wie der „Süße Winkel" zu seiner Bezeichnung kam? Hierzu gibt es drei Überlieferungen. Die erste besagt, dass im „Süßen Winkel" einst ein Zuckerbäcker ansässig war, der hier seine Leckereien verkaufte. Die zweite Geschichte geht in eine ganz ähnliche Richtung. Sie erzählt, dass die Nonnen des St.-Gallus-Klosters, das sich zwischen 1375 und 1530 in der Fischerhäuser Vorstadt befand, hier in der Weihnachtszeit Süßgebäck herstellten. Die dritte Sage beruht aller Wahrscheinlichkeit nach nicht auf einer Tatsache, sondern entspringt der Fantasie eines Schriftstellers: Sie berichtet von der käuflichen Liebe. Im „Süßen Winkel", heißt es in Erich August Greevens 1917 veröffentlichter Novelle „Das Haus im süßen Winkel", habe es einst ein Bordell gegeben. Zwar lokalisiert Greeven die Geschehnisse nicht exakt, „die Atmosphäre und das Milieu sind aber eindeutig in Überlingen anzusiedeln", schreibt der Historiker Oswald Burger in seinem Essay „Prostitution und Doppelmoral. Das Überlinger Frauenhaus".

Greevens Hauptfigur ist eine junge Frau, die auf den hübschen Namen „Emerantia" hört und im „Süßen Winkel" mit einigen Frauen ein Bordell betreibt. Der gestrenge Gemeinderat der kleinen Stadt sieht das freilich nicht gern und schickt einen Brief an die süße Emerantia. Es sei, steht in der Novelle in einem für unser Sprachempfinden endlos langen Satz zu lesen, „einem hohen und wohllöblichen Gemeinderate dieser Stadt zu Ohren gekommen und könne jederzeit von angesehenen und unbescholtenen Bürgern unter Eid bezeugt werden, dass sich in dem Hause zubenannt im süßen Winkel und der ehrbaren Jungfrau Emerantia Schnipf gehörig, allabendlich junge und ältere Männer und junge Frauenzimmer zusammenfänden, um sich ohne die gute Absicht eines dauernden Bundes in Divertissements zu ergehen, die ein um das Wohl der Stadt treubesorgter Gemeinderat nicht ohne weiteres gutheißen könne, sintemal diese nicht wohl abzuleugnenden Divertissements den in der Stadt gepflegten Sitten in mehr als einem Punkte widersprächen." Bürgermeister und Gemeinderat wollten „diesem ungesetzlichen Treiben" ein Ende bereiten und „der Jungfrau Emerantia Schnipf den Aufenthalt in hiesiger Stadt fürderhin verbieten, falls sie nicht als Besitzerin des Hauses im

Ein lauschiges Plätzchen: der Süße Winkel.

süßen Winkel binnen drei Tagen um die Erneuerung der auf dem Hause von alters her ruhenden Gewerbekonzession, zu Nutz und Frommen von Bürgerschaft und Stadt allhie einen süßen Winkel zu unterhalten, in einem geziemlichen Schreiben und in aller Form bei Bürgermeister und Gemeinderat einkommen wolle." Eine Bitte, der Emerantia Schnipf gerne nachkommt: Die Erzählung endet damit, dass sie einen neuen Gänsekiel spitzt, in das Tintenfass taucht und den erbetenen Antrag stellt.

So köstlich Greevens Geschichte auch sein mag – so sei hier doch nochmals gesagt, dass sie sehr wahrscheinlich der Fantasie entsprungen ist. Denn ein tatsächlicher Nachweis über einen Bordellbetrieb im „Süßen Winkel" ist in der Überlinger Stadtgeschichte nicht zu finden. Das heißt aber nicht, dass es in Überlingen kein Bordell gab. Ein solches wurde vermutlich von Ende des 15. bis Anfang des 16. Jahrhunderts auf der „Spielwiese vor dem Wiestor" betrieben, meist von Frauenwirten, die nicht aus Überlingen stammten. „Man

So geht's zum „Süßen Winkel":

Der „Süße Winkel" liegt linker Hand in der Überlinger Gartenstraße, die hinter der evangelischen Kirche von der Grabenstraße abzweigt.

erkennt die begreifliche Scheu des Bürgers vor Ausübung eines solchen Gewerbes in seiner Heimatstadt", kommentiert Karl Obser in seiner Schrift „Zur Geschichte des Frauenhauses in Überlingen". Die Bedingungen, unter denen die Frauenwirte das Bordell betreiben durften, waren zwischen den Wirten und „den fursichtigen, wisen burgermaister und raute der statt Vberlingen, minen lieben herren", wie Frauenwirt Jörg Haintzer von Heiligenholz im Dezember 1454 in einem Revers schreibt, genau festgelegt. Mit dem Schriftstück wurden sowohl die Rechte und Pflichten von Dirnen und Frauenwirt untereinander als auch gegenüber der Stadt und der Kirche geregelt. „Mir sol och ain yede frow, so sy dez nachtes ainen man hat, zu schlafgelt geben dry pfening, das vberig sol an ihren nutz komen", steht in dem Schriftstück Haintzers. Der Kirche sollten Dirnen und Frauenwirte regelmäßig Spenden bringen: „Es sol och yede frow ainen pfening und ich zwen pfening in die buchs geben vnd von dem selben gelt sol man vnser lieben frowen zu lob und ere und allen glöibingen selen zu trost (...) ze nacht (...) ain kertzen brennen." Ganz klar festgelegt wurde, was passiert, wenn die Frauenwirte sich nicht an die Regeln halten. Haintzer schreibt: „Wa ich aber dis allez nit hielt vnd ain stuk oder mer verbräch vnd sich des kundtlich erfund, so mögen mich die gemelten minen herrn darumb strafen."

Eva-Maria Bast

10

Münstermesner
Markus Korn blickt
ehrfürchtig zum hei-
ligen Jakobus auf.

Der Heilige Jakobus
Apostelbad im See

Einer ist kleiner als die anderen. Das ist der, der angeblich im Bodensee verloren ging. Ob man ihn nach vielen Jahren wieder fand und er im Wasser geschrumpft war oder ob er noch immer in den Tiefen des Bodensees ruht und es sich bei der heutigen Figur um einen zu klein geratenen Ersatz handelt, darüber ist man sich nicht schlüssig. Wovon die Rede ist? Von den im Jahre 1552 geschaffenen Aposteln im Überlinger Münster. Und so geht die Sage: Im 17. Jahrhundert waren die Figuren durch den Staub der Jahrzehnte ziemlich verschmutzt, eine Reinigung stand an. Doch die Stadt hatte kein Geld und der Rat überlegte in langen Sitzungen, wie man die Säuberung der zwölf Apostelfiguren möglichst günstig bewerkstelligen könnte. „Diese Diskussionen sind anderen Städten freilich nicht verborgen geblieben, man hat die Überlinger daraufhin mit der Bezeichnung Apostelwäscher bedacht und damit die Grundlage zur Sage gelegt", erzählt Münstermesner Markus Korn. Ein Ratsmitglied habe der Sage nach dann die Verantwortung für die Säuberung der Apostel auf sich genommen, sie von ihren Sockeln im Überlinger Münster heruntergeholt, zum Bodensee getragen und sie dort ein erfrischendes – und vor allem säuberndes – Bad nehmen lassen. Und bei diesem Bad soll der Heilige Jakobus abhanden gekommen

> **So geht's zum „Heiligen Jakobus":**
>
> Die Jakobus-Statue befindet sich im Überlinger Münster auf dem zweiten rechten Apostelpfeiler im Mittelgang, gegenüber dem Nordportal.

Erhaben thronen sie rechts und links des Mittelgangs: die Apostel.

sein. Die heutige Figur des Jakobus, die sich in der Reihe der Apostel im Überlinger Münster auf der rechten Seite des Mittelganges befindet, ist nun deutlich kleiner als die anderen. Im Wasser geschrumpft. Oder durch einen Kleineren ersetzt. So erzählt es die Sage. Der Überlinger Münsterkenner Manfred Bruker weist in seinem Buch „Das Überlinger Münster und seine Traditionen" noch auf eine weitere Besonderheit der

Der klein geratene Jakobus.

nachgeschnitzten Jakobusfigur hin: „...offenbar schaute sich der Bildhauer die anderen Apostel, zu denen er ja wieder passen sollte, nicht genau an und gab ihm einen Knierock und kräftige Schuhe, während die anderen Apostel alle lange Gewänder tragen und barfuß sind. So blieb er bis heute ein Außenseiter: Jakob mit dem zu kurzen Rock." Vielleicht hatte der Künstler, der mit dem Schnitzen der neuen Figur betraut war, aber auch andere Gründe dafür, dass er Jakobus so spärlich bekleidete: Schließlich ist Jakobus Patron der Pilger – und beim Pilgern ist es weder sinnvoll, einen langen, beschwerlichen Rock zu tragen, noch ist es klug, barfuß zu laufen.

Wie viel Wahres an der Geschichte um das Bad des Jakobus dran ist? Das bleibt wohl für immer ein von den Münsteraposteln streng gehütetes Geheimnis.

Eva-Maria Bast

11

Bildhauer Riccardo Itta kniet neben der Obrigkeitsmarke auf dem Überlinger Friedhof.

Hochobrigkeitsmarken
Steinerne Zeugen aus vergangenen Tagen

Wenn diese Steine reden könnten, hätten sie eine Menge zu erzählen. Denn die Grenzsteine, die einst die Stadt Überlingen von den umliegenden Grafschaften trennten, haben Jahrhunderte überdauert. Man sieht ihnen an, dass von ihrer früheren Bedeutung nichts geblieben ist: Sie sehen mitgenommen aus und sind stark verwittert. Doch einige stehen noch immer stolz und kerzengerade an ihrem ursprünglichen, so bedeutungsvollen Ort – teilweise exponiert, teilweise aber auch an geheimen Plätzen.

„Ein Freund hat mich Anfang der 90er Jahre mit seiner Leidenschaft für Grenzsteine angesteckt, seither lassen sie mich nicht mehr los", erklärt der Überlinger Bildhauer und Steinmetz Riccardo Itta, der sich im Laufe der Jahre auch aus beruflichen Gründen viel Fachwissen zu den Überlinger Steinen angeeignet hat. Er muss sich tatsächlich in die Büsche schlagen, um an einen von ihnen, eine so genannte Hochobrigkeitsmarke, zu gelangen. Früher markierte der Stein die Grenze zwischen der Stadt Überlingen und der Grafschaft Heiligenberg. Heute führt er ein unbeachtetes Dasein im nördlichen Teil des Überlinger Friedhofs, versteckt im Gebüsch neben einem Eisentor am Feigentalweg. Das Nadelgehölz ist im Laufe der Jahre so dicht um den hüfthohen Stein gewachsen, dass sich Riccardo Itta ziemlich dünn machen muss, um neben ihm Platz zu finden.

Auf der Seite Richtung Parkplatz ist auf dem Stein ein verwittertes Wappen der Stadt Überlingen zu erkennen, auf der Seite Richtung Friedhof das der Grafschaft Heiligenberg. Außerdem ist die eingemeißelte Jahreszahl 1714 deutlich zu sehen. „Ich gehe davon aus, dass dieser Stein noch an seiner ursprünglichen Stelle steht", sagt Itta. Um das jedoch zu überprüfen, müsste man den so genannten „Zeugen" suchen. Bei den „Zeugen" handelt es sich um kleinere Steine, die beim

So geht's zu den Hochobrigkeitsmarken:

Der Grenzstein auf dem Überlinger Friedhof steht im Gebüsch neben dem Eisentor am Friedhofsparkplatz an der Ecke Feigentalweg/Fußweg. Der Stein in der Nellenbachstraße befindet sich an der Einmündung der Jakob-Reutlinger-Straße.

Setzen der Marken unter diesen vergraben wurden und damit deren rechtmäßigen Standort für immer festhalten. Wer also einen Grenzstein zu seinen Gunsten versetzt hatte, konnte des Betrugs überführt werden, wenn an dem neuen Standort kein „Zeuge" zu finden war. Denn es wäre für den Betrüger viel zu anstrengend gewesen, auch noch den tief verborgenen kleinen Stein auszugraben.

Auch an der Ecke Jakob-Reut-linger-Straße/Nellenbachstraße ist eine Obrigkeitsmarke erhalten geblieben.

Hinter diesem Tor verbirgt sich, auf der linken Seite
im Gebüsch, eine Hochobrigkeitsmarke.

24 Hochobrigkeitsmarken hat es einmal gegeben, wie dem Vertrag
zwischen der Grafschaft Heiligenberg und der Stadt Überlingen
aus dem Jahr 1572 zu entnehmen ist: „Vierundzwanzig hocher-
hepte Roschacher stain mit Hailigenbergischem und dann der statt
Überlingen darein gehawem wappen" seien gesetzt worden, steht
noch heute im Stadtarchiv zu lesen. Auch der genaue Standort
der einzelnen Steine ist im Vertrag festgehalten. Für den Stein am
Friedhof steht dort: „Der vierzehend, von dannen (Stein 13) biß
zue Hannsen Walthers garten, genanndt zu krautgarten am eck."

Es ist wenig verwunderlich, dass mit diesen Beschreibungen heute
kaum noch jemand etwas anfangen kann: Längst ist die Stadt weit
über ihre damaligen Grenzen hinausgewachsen, haben Besitzver-
hältnisse gewechselt und Familiennamen sich geändert.

Mithilfe der Standortbeschreibung für Stein Nummer 8 lässt sich
heute nicht mehr nachvollziehen, wo er steht: „Der achtend, von
dannen den fueßweg im Aman nach hinumb über Ufkircher gas-

sen straß in Michael Hagers garten, genanndt im Aman, auch im burggraben am eck, zwischen erstgemelts Michael Hagers und Hannsen Waibels garten." Der Standort wäre schnell gefunden, hätten die Herren damals so eindeutige Worte wie „Ecke Nellenbachstraße/Jakob-Reutlinger-Straße" gewählt. Dort steht er nämlich, zernagt vom Zahn der Zeit, aber – wie auch der Stein auf dem Friedhof – ebenfalls mit der Jahreszahl 1714 versehen. Bei den beiden Steinen muss es sich also um Nachfolger der Originale handeln, sind ihre Standpunkte doch bereits rund 150 Jahre zuvor schriftlich festgehalten worden.

Itta hat der Suche nach weiteren Grenzsteinen im Überlinger Stadtgebiet so manche Stunde seiner Freizeit gewidmet. Anhand von alten Stadtplänen, in denen die Standorte der Steine festgehalten sind, ist er die ehemaligen Grenzlinien nachgegangen – oft jedoch ohne Erfolg. Wo heute Neubausiedlungen stehen, ist von ehemaligen Hochobrigkeitsmarken keine Spur mehr zu finden. Trotzdem hat der Steinmetz noch einen dritten Grenzstein entdeckt. Er steht in einem Gebüsch in der Aufkircher Straße. „Sein Standpunkt bleibt aber vorerst mein Geheimnis", erklärt er schmunzelnd.

Heike Thissen

12

Kaum sichtbar ruht sie hinter einer Glasscheibe am Nordgiebel der Greth: die einstige Marktglocke.

Grethglocke
Die Überlinger vor allen anderen

Heute schläft sie ganz im Verborgenen. Man kann sie nicht mehr hören und auch nur sehr schlecht sehen. Denn um ihrer ansichtig zu werden, müsste man den Kopf weit in den Nacken legen und zur Nordfassade der Greth hinaufblicken. Wovon die Rede ist? Von der Grethglocke, die sich am Nordgiebel hinter einer dicken Glasscheibe befindet. Seit Jahrhunderten ist ihr Klang nicht mehr

Die Glocke an der Greth.

ertönt, aber früher, Mitte des 16. Jahrhunderts bis Mitte des 17. Jahrhunderts, warteten zahlreiche Händler und Auswärtige auf ihr Geläut. Dann nämlich waren die Überlinger fertig mit ihren „internen Einkäufen", die Händler durften ihre Ware in den Hallen der Greth präsentieren und die Einkaufszeit für die Auswärtigen begann.

Überlingen galt einst als wichtiger Umschlagplatz für den Getreidehandel: Die Wege in die getreidereichen Regionen waren gut ausgebaut und als die Freie Reichsstadt im Jahre 1547 von Kaiser Karl V. das Privileg bekam, dass „in zwei Meilen wegs keine Märkte Korn- und Salzkufe oder Gewerbe (...) von neuem aufgerichtet, gehalten noch gebraucht werden sollen", war mögliche Konkurrenz auch vertrieben.

„Eines war den Überlingern jedoch von jeher wichtig: An den Bewohnern der Stadt sollten sich die Händler nicht bereichern", erklärt der Überlinger Brauchtumskenner Thomas Pross. Und genau deshalb durften die Überlinger zuerst ein-

So geht's zur Grethglocke:

Die Glocke hängt am Nordgiebel des Überlinger Greth-Gebäudes am Landungsplatz 1, an der der Hofstatt zugewandten Seite, schräg gegenüber der Volksbank.

kaufen – bevor fremde Händler in die Stadt gelassen wurden, die möglicherweise die Preise nach oben getrieben hätten. „Erst wenn die Einheimischen mit dem Einkaufen fertig waren, durften die Händler auf den Markt kommen. Und der Beginn des Händlermarktes wurde eben durch jene Glocke im Nordgiebel der Greth bekanntgegeben", erzählt Thomas Pross.

Zu jener Zeit sei das Erdgeschoss der Greth in vier Hallen aufgegliedert gewesen, weiß er zu berichten. „Jede Halle hatte zwei Tore: eines in Richtung Land und eines in Richtung See. Das war praktisch, denn die Schiffe konnten damals noch unmittelbar an das Gebäude heranfahren."

Bis zum Bau der Eisenbahnlinie im Jahr 1895 und damit einhergehenden stärkeren Importen behielt der Überlinger Getreidemarkt seine Bedeutung und galt lange als wichtigste Einnahmequelle der Stadt. Der ehemalige Stadtarchivar Alfons Semler schreibt in seinem Buch „Bilder aus der Geschichte einer kleinen Reichsstadt": „Noch 1841 war er mit einem Gewinn von 5706 Gulden weitaus der höchste Einnahmeposten im städtischen Haushalt."

Eva-Maria Bast

Angesichts der runden Steine in der Stadtmauer kommt Brauchtumskenner Wolfgang Lechler ganz schön ins Grübeln.

Kanonenkugeln
Rätselhafte Steine im Gemäuer

Der Überlinger und der Schwede: Kaum eine Geschichte erzählt man in der ehemals Freien Reichsstadt mit so viel Stolz wie das mannhafte Trutzen der Überlinger Bevölkerung gegen die Schweden im Dreißigjährigen Krieg (1618-1648). Doch die Schwedenbelagerungen 1632 und 1634 haben den Überlingern nicht nur stolzgeschwellte Brustkörbe, sondern auch ein Rätsel hinterlassen: Handelt es sich bei den vier Steinkugeln in der Stadtmauer beim Aufkircher Tor um Kanonenkugeln? „Früher hat man das immer gesagt", erklärt der Altüberlinger Wolfgang Lechler. „Genauso gut können es aber Steinquader sein, die nur anders verwittert sind als der Rest vom Gemäuer." Eindeutig könne das heute keiner mehr sagen. Abwegig sei die Vermutung, dass es sich tatsächlich um schwedische Kanonenkugeln handle, aber nicht, meint Lechler. Denn die Eisenkugeln seien den Schweden irgendwann ausgegangen, weshalb der Feind der Überlinger mit

Die rund geformten Steine im Gemäuer geben Rätsel auf.

So geht's zu den Kanonenkugeln:

Die Kanonenkugeln sind an der Überlinger Stadtmauer zu sehen, im Stadtgraben westlich des Aufkircher Tors (Aufkircher Straße 56).

allem geschossen habe, dessen er habhaft werden konnte – auch mit Steinkugeln. „Möglich, dass die härteren Steine den Sandstein ein Stückchen durchdrangen, dann aber stecken blieben, weil sie eben doch nicht hart genug waren", vermutet der Brauchtumskenner. Tatsächlich ist die Form der Steine ungewöhnlich rund, so dass der Eindruck entsteht, sie seien nachbearbeitet worden.

Eva-Maria Bast

14

In diesem Bunker hat Annemarie Bommer als Kind viele Kriegsnächte verbracht. Damals wusste sie noch nicht, dass es sich dabei um den Eingang zu einem unterirdischen Gang handelt.

Unterirdische Gänge
Von Luftschutzbunkern und Milchbrötchen

Wer wachsamen Auges durch Überlingen wandelt, dem fallen die vielen, meist mit Gittern oder Brettern abgesperrten Eingänge in die Felsen auf. Tatsächlich gibt es in Überlingen mehrere geheime unterirdische Gänge – teilweise sind diese allerdings verschüttet. Einer der Eingänge befindet sich in der Luziengasse in der Mauer rechts neben den Treppen zum Zitronengässle. Nach einem 1943 gezeichneten Plan, der heute im Überlinger Stadtarchiv aufbewahrt ist, führt der Gang einerseits auf das Grundstück der heutigen Städtischen Musikschule, andererseits durch den Stadtgraben bis zum Gasthof Raben.

Die 1939 geborene Annemarie Bommer verbrachte viele Nächte ihrer Kindheit am südlichen Ende des Ganges in der Luziengasse. „Wenn Fliegeralarm war, musste ich immer die alte Dame wecken, die mit im Haus wohnte, damit sie nicht allein zurückblieb", erinnert sie sich. Dann galt es, gemeinsam mit der Mutter den Zwillingswagen herauszuholen und die beiden jüngeren Geschwister einzupacken. Und ab ging es, die Luziengasse hinunter, in den Bunker. Das kleine Mädchen wusste damals nicht, dass es sich dabei um den Eingangsbereich eines unterirdischen Ganges handelte.

Das Ende des Ganges in der Luziengasse ist heute mit einem Tor verschlossen. „Damals war es entweder ganz offen oder nur mit einem Bretterverschlag versperrt. Genau weiß ich das nicht mehr. Ich war ja erst vier oder fünf Jahre alt", sagt Annemarie Bommer. Woran sie sich hingegen noch gut erinnern kann, ist die Nacht, in der das Gebäude oberhalb des Kellers

So geht's zu den unterirdischen Gängen:

Der geheime Gang in der Überlinger Luziengasse beginnt in der Mauer rechts neben den Treppen zum Museum.

Palmenlager und Gärtnerhäuschen liegen im Stadtgarten unweit des Parkhauses West.

Feuer fing. „Das Haus brannte und stürzte ein und wir saßen unten drunter und waren heilfroh, dass nichts durchging." Dieses Ereignis fand im Mai 1945 statt, als die Franzosen in Überlingen einmarschierten und das Luzienhaus am oberen Ende der Luziengasse zerstörten, weil Bürger von dort aus auf sie geschossen hatten.

Trotz dieses schrecklichen Erlebnisses hatte Annemarie Bommer nie wirklich Angst vor dem Krieg. „Ich kannte es ja nicht anders", sagt sie. Und viele von ihren Erinnerungen an die Kriegs- und Nachkriegszeit sind sogar eher angenehmen Charakters: An die Schülerspeisung nach dem Krieg in der damaligen Seeschule erinnert sie sich zum Beispiel ausgesprochen gern, vor allem daran, dass es einmal in der Woche feinen Kakao mit einem leckeren Milchbrötchen gab: „Das war absolut das Höchste für uns Kinder."

Ohnehin habe sie – trotz des Krieges – eine sehr glückliche Kindheit in der Überlinger Luziengasse gehabt, versichert Bommer. „Am Eck neben den Treppen zum Zitronengässle war ein Sandhaufen. Da haben wir Kinder immer gespielt", blickt sie zurück und erinnert sich an das Mädchen, das sie immer beneidete, weil es den schönsten Puppenwagen der Straße hatte.

Der unterirdische Gang von der Luziengasse zur Städtischen Musikschule und zum Gasthof Raben ist nicht der einzige. Laut dem Plan von 1943 gibt es einen weiteren Gang im Bereich des Hotels Ochsen. Und von dem großen, in den Fels gehauenen Keller im Überlinger Stadtgarten gibt es einen unterirdischen Verbindungsgang zum Gärtnerhäuschen des Stadtgartens. Der Felsenkeller wurde im Zweiten Weltkrieg (1939–1945) ebenfalls als Luftschutzbunker genutzt, heute werden dort im Winter Palmen eingelagert. „Von hier aus allerdings ist der Gang zum Gärtnerhäuschen nach etwa 15 Metern verschüttet", berichtet der Leiter der Überlinger Stadtgärtnerei, Thomas Vogler. Ein weiterer Gang führe nach Westen, wohin genau, könne er nicht sagen. Und das lässt sich auch nicht so einfach erforschen, denn auch dieser ist weitgehend mit Geröll gefüllt.

Eva-Maria Bast

15

Kulturamtsleiter Michael Brunner vor den Einkerbungen am Steinhaus.

Einkerbungen

Steinpulver als „Arzenei"

Rätselhafte, senkrechte Einkerbungen in altem Gemäuer finden sich gleich an zwei Stellen in Überlingen: an der Ostfront des Steinhauses in der Franziskanerstraße und am Eingangsportal

Die Einkerbungen am Eingangsportal der Jodokkirche.

der Jodokkirche in der Aufkircher Straße. Eine mögliche Erklärung für die Einkerbungen ist, dass dort einst Eiseneinlassungen für das Anbinden von Pferden angebracht waren. Wahrscheinlicher ist jedoch, dass die Einkerbungen im Molassefels entstanden, als man anno dazumal Steinpulver als Medizin abschabte. Denn in der mittelalterlichen Heilzauberei galt Steinpulver als „Arzenei", die bei allerhand Beschwerden helfen sollte. Man verabreichte Steinpulver zum Beispiel zur Heilung von Krankheiten oder Verletzungen. Und noch eine weitere These gibt es, wie Kulturamtsleiter Michael Brunner, dessen Amt sich heute im Steinhaus befindet, erklärt: Durch das Wetzen von Rebmessern und Sicheln am Sandstein habe

So geht's zu den Einkerbungen:

Die Einkerbungen sind am Überlinger Steinhaus an der Ecke Steinhausgasse/Franziskanerstraße und an der Jodokkirche in der Aufkircher Straße 32 zu sehen.

Die Ostansicht des Steinhauses mit den Einkerbungen.

man sich eine Segnung für den Weinberg und die Ernte erhofft. Diese Erklärung passt natürlich besonders gut zum historischen Steinhaus, in dem sich heute auch ein Weinkeller mit erlesenen Tropfen befindet.

Eva-Maria Bast

16

Die Gletschermühle bei Goldbach.

Gletschermühle

Ein kreisrunder Gruß aus der Eiszeit

Wer hinter Goldbach durch die Reben nach oben wandert, steht plötzlich vor einem riesigen, kreisrunden Loch von etwa 20 Metern Durchmesser und einer Tiefe von zehn Metern. Es handelt sich

Stadtgärtnereichef Thomas Vogler ist fasziniert von der geologischen Bedeutung dieses Platzes.

um ein gewaltiges Relikt aus der letzten Eiszeit, der Würmeiszeit, die vor etwa 12.000 Jahren endete.

Entdeckt wurde das Loch, so heißt es in der Überlieferung, von einem Bauern, der beim Pflügen mit seinem Vieh auf eine verkieste Fläche stieß. „Er hat weitergegraben, festgestellt, dass es sich um eine Kieslinse handelt, und ist schließlich auf diese Gletschermühle gestoßen", berichtet der Stadtgärtnereichef Thomas Vogler. In der Schrift: „‚Der Riesentopf' (Gletschermühle) an den Gestaden des Bodensees in der Nähe der Stadt Ueberlingen" schreibt ein F. X. Ullersberger aus „Ueberlingen": „...erscheint es mir als ein Gebot der Pflicht, von einer in unserer nächsten Nähe durch mich aufgedeckten, durch die Gletscher und Wassertätigkeit ferner Jahrtausende bewirkten Felsenkesselbildung, einem sogenannten Riesentopfe einiges zu berichten."

Wie Vogler erklärt, war das Gelände, auf dem sich heute der Riesenkessel befindet, zu Beginn der Würmeiszeit völlig eisbedeckt. „Irgendwann, vermutlich vor 20.000 Jahren, fing das Eis dann an zu schmelzen." Dadurch seien Gletscherspalten entstanden, durch die riesige Massen von Schmelzwasser nach unten gelangten. „Dort angekommen, begann das Wasser zu wirbeln und zu drehen, es entstand gewisser-

So geht's zur Gletschermühle:

Die Gletschermühle liegt bei Überlingen-Brünnensbach. Man findet sie oberhalb von Brünnensbach am Rande der Weinreben des Überlinger Spitalguts auf dem Wanderweg zwischen Sipplingen und Überlingen.

maßen eine Wassermühle, die das Loch in den Fels grub", erklärt Vogler. Die nachschiebenden Gletscher hätten das Loch dann nach und nach mit Kies gefüllt. In der Würmeiszeit sei der Heiligenberg noch mit etwa 100 Meter hohem Eis bedeckt gewesen. Auch Skandinavien, England und die Alpen seien unter Gletschern verschwunden.

Die Gletschermühle in Überlingen zähle zu den größten Gletschermühlen des Alpenraumes, sagt Vogler, und auch Ullersberger schreibt begeistert, dass der „(Riesentopf)...durch seine Dimensionen alle bis jetzt beschriebenen Riesentöpfe weit übertrifft." Ullersberger verweist auf die von „Hrn. Ingenieur Manz in Überlingen gefertigten Pläne" und beschreibt im Übrigen genau die Lage des Riesenkessels. Diesen finde man, wenn man von der Stadt Überlingen in nordwestlicher Richtung auf der Landstraße nach dem nur eine halbe Stunde von dieser Stadt liegenden Weiler Brünnensbach gehe und von da aus auf das dortige hügelige Plateau hinaufsteige. Damals war der Riesentopf in seiner Tiefe noch nicht zur Gänze freigelegt, was Ullersberger schon in seinem Bericht vermutete: „Die bis jetzt ausgegrabene Tiefe beträgt 4,2 Meter. Die ganze Tiefe ist noch nicht ermittelt, sie wird aber wahrscheinlich nach vorläufigen Sondirungen 10 Meter erreichen." Ullersberger erklärte, dass die fünf bis dahin im Kessel gefundenen Riesenblöcke wenig abgeriebene Kanten aufwiesen, „so dass sie nicht als Reib- oder Mühlsteine gedient haben können." Letztere, schlussfolgert er, müssten also in einer größeren, noch zu ergründenden Tiefe liegen.

Der Autor beruft sich auf das Urteil eines Herrn Professors Steudel aus Ravensburg, dem zufolge das Gestein im Strudelloch aus dem Graubündener Gebirge stammen soll, und erlaubt sich eine vorsichtige Einschätzung über die Entstehung der Gletschermühle: „...so äußern wir unsere Ansicht, ohne damit fachmännischem Urtheile vorgreifen zu wollen, dahin, daß die aus den mächtigen unsere Gebirge bedeckenden Gletschermassen hervorstürzenden wilden Gebirgsströme im Vereine mit dem langsam nach der Tiefung des Bodenseebeckens vorrückenden Gletscherstrome diese imposante Höhlung in den dortigen Sandsteinfelsen hineingeschliffen haben."

Eva-Maria Bast

17

Einst stiegen Rauchwolken aus dem kleinen Turm im Überlinger Stadtgraben.

Turm im Stadtgraben

Rapunzel und Feuerdrachen

Wahrhaft märchenhaft wirkt er, der runde, im Stadtgraben beim Aufkircher Tor stehende Sandsteinturm in mittelalterlicher Bauweise mit seinen hübschen Zinnen. Manch einer strich schon ratlos um ihn herum und überlegte, was sich darin wohl verbergen könnte. Und zahlreiche Gäste der Stadt – und auch Überlinger – wunderten sich über seine merkwürdige Lage: Ein Turm steht doch üblicherweise nicht in einem Graben, sondern auf einem Berg! Gerade dann, wenn er zur Verteidigung gedacht ist, und darauf deuten die Schießscharten in dem kleinen Türmchen doch eigentlich hin?!

So geht's zum Turm im Stadtgraben:

Der Turm steht im Überlinger Stadtgraben, östlich des Aufkircher Tors (Aufkircher Straße 56).

Noch geheimnisumwitterter wird der Turm, wenn man weiß, dass er einst regelmäßig Rauch ausstieß, der aus der Unterwelt kam. Und damit gibt es mit dem kleinen Turm in Überlingen ein Objekt mehr, das Kindern Raum für Fantasie lässt: Für Mädchen ist der Turm im Stadtgraben der Turm von Rapunzel. Wildere kleine Mädchen, denen erzählt wird, dass der Turm früher regelmäßig geraucht hat, vermuten in ihm den Wohnsitz einer Hexe. Und für kleine Jungs ist klar: In dem Turm ist ein Feuer speiender Drache gefangen.

Die Wahrheit ist weit unromantischer: Bei dem Turm handelt es sich um eine Entlüftung für den Eisenbahntunnel. Ein industrielles Bauwerk also, das, wie zur Zeit seiner Errichtung um 1900 üblich, in historisierender Bauweise geschaffen wurde.

Der Turm befindet sich etwa in der Mitte des unter dem Stadtgraben verlaufenden Eisenbahntunnels, denn früher dampften die Eisenbahnen beim Fahren bekanntlich stark und hinterließen den Tunnel voller Rauch. Abzug war nur durch den Sog möglich, der durch die Ein- und Ausfahrt der Züge entstand. Und eben durch den kleinen, mittelalterlich anmutenden Turm im Überlinger Stadtgraben.

Eva-Maria Bast

Die geschichtsträchtige Zahl am Hänselebrunnen in der Aufkircher Straße.

Hänselebrunnen

Den Braunen ein Schnippchen geschlagen

Die geschichtsträchtige Zahl 1934 prangt auf der Rückseite des Überlinger Hänselebrunnens und verblüfft den Betrachter. Warum, so fragt man sich, wurde der Brunnen ausgerechnet 1934, ein Jahr nach der Machtergreifung durch Adolf Hitler und die Nationalsozialisten, errichtet? Die Antwort ist ganz einfach und zeigt, dass der

71

Brunnen gewissermaßen ein Auflehnen gegen die Naziherrschaft ist: Der Verschönerungsverein Überlingen hatte anno 1934 nicht die geringste Lust, seine Ersparnisse, mehrere tausend Mark, dem Gauleiter in den Rachen zu werfen. „Also entschloss er sich, für das Geld eine Brauchtumsfigur in Auftrag zu geben, die auf den bereits bestehenden Kehlhoferbrunnen im Überlinger Dorf aufgesetzt werden sollte", erzählt Brauchtumsspezialist und Narrenmutter Wolfgang Lechler. Ob zuvor eine entsprechende Genehmigung des Gauleiters eingeholt werden musste, sei unklar, berichtet Lechler. „Wenn, dann haben die Überlinger es durch ihre Findigkeit geschafft, diese zu bekommen", vermutet er.

Brauchtumskenner und Narrenmutter Wolfgang Lechler freut sich, dass der Verschönerungsverein mit der Errichtung des Brunnens die Nationalsozialisten narrte.

Nach langen Überlegungen entschied man, den Hänsele auf die Spitze des Brunnens zu setzen. Die Überlinger Narrenfigur steht schnellend über einem Narren mit vorgehaltener Larve, was, so Lechler, symbolisieren soll, dass der Hänsele über der Narrheit steht. Rechts und links der Säule, auf der der Hänsele steht, befinden sich weitere Brauchtumsfiguren: eine Überlinger Tracht und ein Schwertletänzer. Und als Verzierung der Wasserspeier dienen auf der einen Seite ein doppelgesichtiger Herr und auf der anderen Seite eine pausbäckige, resolut wirkende Dame. Bei der einen Gesichtshälfte des Herrn handle es sich um ein Bildnis des einstigen Künstlers Victor Mezger, bei der anderen Hälfte um einen echten dorfansässigen Metzger, erzählt Lechler. Und die

Dame, das sei die Anne-Gotte. Die Anne-Gotte habe die Aufgabe, darauf zu achten, dass sich die Dorfschönheiten auf den Straßen einer Dame entsprechend verhalten und schon gar nicht im Brunnen baden. „Das haben sie früher wohl recht oft getan", berichtet Lechler. Nachempfunden sei die Anne-Gotte

So geht's zum Hänselebrunnen:

Der Brunnen steht in Überlingen auf der Verkehrsinsel zwischen Friedhofstraße und Aufkircher Straße.

der Schwiegermutter des ehemaligen Bürgermeisters Karl Löhle. „Und diese Anne-Gotte war eine wahre Dorfgröße", sagt Lechler, „sie sorgte für Recht und Ordnung."

Ohnehin spielen beim Hänselebrunnen weibliche Kräfte eine große Rolle: Während die Anne-Gotte sinnbildlich für Ordnung sorgt, saß für die Hänselefigur eine Frau namens Aline von Ledebour Modell. Welch Skandal, ist der Hänsele doch ein reines Männerhäs! Warum eine weibliche Vorlage verwendet wurde, das weiß Lechler auch nicht. „Vielleicht hatte sie einfach die bessere Figur", schmunzelt er.

Die Karbatsche, welche der Hänsele auf dem Sockel seit 1934 gekonnt schwingt, ist in schweißtreibender Arbeit aus einem 65 Meter langen und neun Millimeter dicken Stahldrahtseil geflochten worden. Sie bringt das stattliche Gewicht von über einem halben Zentner auf die Waage.

Und ein weiteres Schnippchen wusste der Verschönerungsverein den Nationalsozialisten zu schlagen: „Bei der Einweihung am 10. Juni 1934 waren natürlich auch die Braunen zugegen. Und die platzierte man so, dass sie bei der Enthüllung des Brunnens auf den Hintern des Narren schauen mussten", freut sich Lechler rückblickend.

Eva-Maria Bast

19

Rudolf Christiani setzt sich dafür ein,
dass die Gedenktafel für die Opfer des
Luftangriffs nicht in Vergessenheit gerät.

Gedenktafel
Der schwarze Donnerstag von Überlingen

Es ist eine einfache Platte aus Stein, die nahe der Kapelle auf dem Überlinger Friedhof in den Boden eingelassen ist. Wer den Blick nicht nach unten richtet, läuft achtlos an ihr vorbei. Doch das Mahnmal gleich neben den Kriegsgräbern des Ersten Weltkrieges (1914–1918) zeugt von den Ereignissen, die sich in Überlingen am frühen Nachmittag des 22. Februars 1945 zugetragen haben. „Die Erinnerung daran darf niemals sterben", mahnt Rudolf Christiani, Vorsitzender des Ortsverbands im Volksbund Deutsche Kriegsgräberfürsorge e.V. Die Gedenktafel soll gegen das Vergessen helfen – doch ist die Inschrift, die an jenen kalten Wintertag gegen Ende des Zweiten Weltkrieges erinnert, so schlicht wie die Platte, auf der sie steht: „Zum Gedenken an die Opfer des Luftangriffes vom 22. Febr. 1945."

Als an jenem Donnerstag im letzten Kriegsjahr mit dem Dröhnen von Flugzeugpropellern der Zweite Weltkrieg in die Stadt kam, hatten die Piloten des 320. Geschwaders der amerikanischen Luftstreitkraft ein klares Ziel: Mit der Bombardierung des Rangierbahnhofs im Westen von Überlingen sollte der Krieg letztendlich doch noch in die ländlichen Regionen getragen werden, um die Menschen zu demoralisieren. Während sich danach viele Jahrzehnte die Meinung hielt, das KZ-Außenlager Aufkirch sei das eigentliche Ziel des Manövers gewesen, ist in dem Abschlussbericht der amerikanischen Einheit über den Einsatz Nummer 485 festgehalten, dass von Anfang an der Rangierbahnhof das erklärte Ziel war.

20 Menschen kamen an jenem Tag gegen 13.45 Uhr ums Leben: elf Zwangsarbeiter und Häftlinge, vier Mitglieder des militäri-

Eine schlichte Inschrift erinnert an den Luftangriff.

schen Bautrupps und fünf Bewohner der Oberen Bahnhofsstraße. Während in der Stadt noch nach Überlebenden gesucht wurde und die Zahl der Opfer immer weiter stieg, notierte der amerikanische Kapitän Norman L. Farberow in seinem Einsatzbericht: „Ergebnisse: Gute Abwurfkonzentration auf das Zielgebiet, Brände gesichtet/Besondere Erwähnungen: keine." Doch nicht nur die Bilanz der Angreifer fiel an jenem Tag beinahe unmenschlich nüchtern aus. Auch das Kriegsprotokoll aus dem Überlinger Stadtarchiv hält nicht das Menschenleid, sondern den Sachschaden fest, der durch den Angriff der sieben Mittelstreckenbomber des Typs „B 26 Martin Marauder" entstanden war: „Nach den Feststellungen galt der Angriff dem Westbahnhof, der mit samt seinen Anlagen auch getroffen wurde. Die Feindflugzeuge kreisten erst zwischen Stockach und Überlingen und flogen dann den Bahnhof in nordöstlicher Richtung an. Es wurden 38 Sprengbomben und 10 Langzeitzünder gezählt. An Wohngebäuden wurden 6 total zerstört, 10 schwer beschädigt, 7 mittelschwer beschädigt und 38 leicht beschädigt. Etwa 100 Obdachlose mussten hier untergebracht werden." Das Protokoll erwähnt die Menschen, die im Bombenhagel ums Leben kamen, nur am Ende.

Rudolf Christiani jedoch geht es genau um jene 20 Männer: Er will, dass sie nicht in Vergessenheit geraten. „Ursprünglich lag die Gedenktafel in der zweiten Reihe hinter den Kreuzen für die Opfer des Ersten Weltkrieges", erinnert er sich. Aber weil keine Hierarchie unter den Opfern der beiden Kriege entstehen sollte, bettete man die Gebeine der Toten vom 22. Februar 1945 kurzerhand um – in die erste Reihe neben dem Friedhofsweg. „Früher stand dort eine hohe Hecke, da konnte man die Platte kaum entdecken und sie wurde oft übersehen", sagt Christiani, der im selben Jahr zur Welt kam, als die 20 Männer beim Bombenangriff starben. Mit der Umbettung wollte man das Schicksal der Verstorbenen stärker ins Bewusstsein der Überlinger rücken – was nicht wirklich gelang: Bis heute wird die Platte von vielen Friedhofsbesuchern nicht beachtet.

Heike Thissen

So geht's zur Gedenktafel:

Die Gedenktafel liegt auf dem Überlinger Friedhof in der Wiestorstraße hinter dem Haupteingang auf der linken Seite des Hauptwegs, nahe der Kapelle.

Beate und Dirk Lenz vor
ihrem Wasserschlösschen.

Wasserschlösschen
Prunkvolle Raststätte vor der Stadt

„Was mag das nur für ein entzückendes Schlösschen sein?"
Diese Frage hat sich schon manch einer gestellt, der am Helios-
Spital vorbei über die Aufkircher Straße nach Überlingen ein-
fuhr. Am linken Straßenrand, schräg gegenüber der Uhland-
straße, steht ein kleines Schlösschen, halb im Hang versunken.
Einst bildete es das Eingangsportal zu zwei Wasserkammern der
Stadtwerke, durch die ein Teil der Überlinger Bürger mit Wasser
versorgt wurde. Die Fürstlichkeit der Fassade zeigt die Wert-
schätzung, die man dem kostbaren Gut einst entgegenbrachte.
Die heutigen Besitzer des Schlösschens, Beate und Dirk Lenz,

kennen aber noch einen weiteren Grund für die Pracht der Fassade: „Es war 1901 einfach üblich, so prunkvoll zu bauen", erklärt Dirk Lenz. Zumal es sich bei der heutigen Aufkircher Straße um eine der wichtigsten Zugangsstraßen in die Stadt gehandelt habe. „Das Wasserschlösschen war somit repräsentativ und ein Rastplatz vor der Stadt." Gegenüber dem Schlösschen befanden sich eine halbrunde Bank, ein Tisch und ein Brunnen, der, wie Beate Lenz berichtet, vermutlich aus den Wasserkammern gespeist wurde. Die Wanderer schöpften hier Wasser und konnten sich dadurch vor dem Besuch der Stadt noch einmal erfrischen.

Die Wasserkammern wurden von einer Quelle am Berg gespeist. „Von ihnen führten Holzleitungen in die Stadt und durch den natürlichen Höhenausgleich gab es Wasser in den Häusern", erklärt Dirk Lenz. Und obwohl die Quelle längst stillgelegt sei, befänden sich die Holzleitungen noch immer in der Erde.

> **So geht's zum Wasserschlösschen:**
>
> Das Überlinger Wasserschlösschen steht an der Ecke Aufkircher Straße/Jakob-Reutlinger-Straße.

Die Überlinger Architektin Christa Kelbing hat 2003 auf dem Hang über dem Wasserschlösschen ein sehr modernes Wohnhaus errichtet. Beide Gebäude korrespondieren auf sehr gelungene Weise miteinander. Und auch die ehemaligen Wasserkammern wusste die Architektin zu nutzen: Sie werden jetzt als Hausgarage verwendet. Die Einfahrt führt seitlich durch den Hang und befindet sich auf der linken Seite der Schlösschenfront, die somit erhalten wurde. Geplant ist nun, das unter Denkmalschutz stehende eingetragene Kulturdenkmal bis 2012 aufwändig zu sanieren.

Eva-Maria Bast

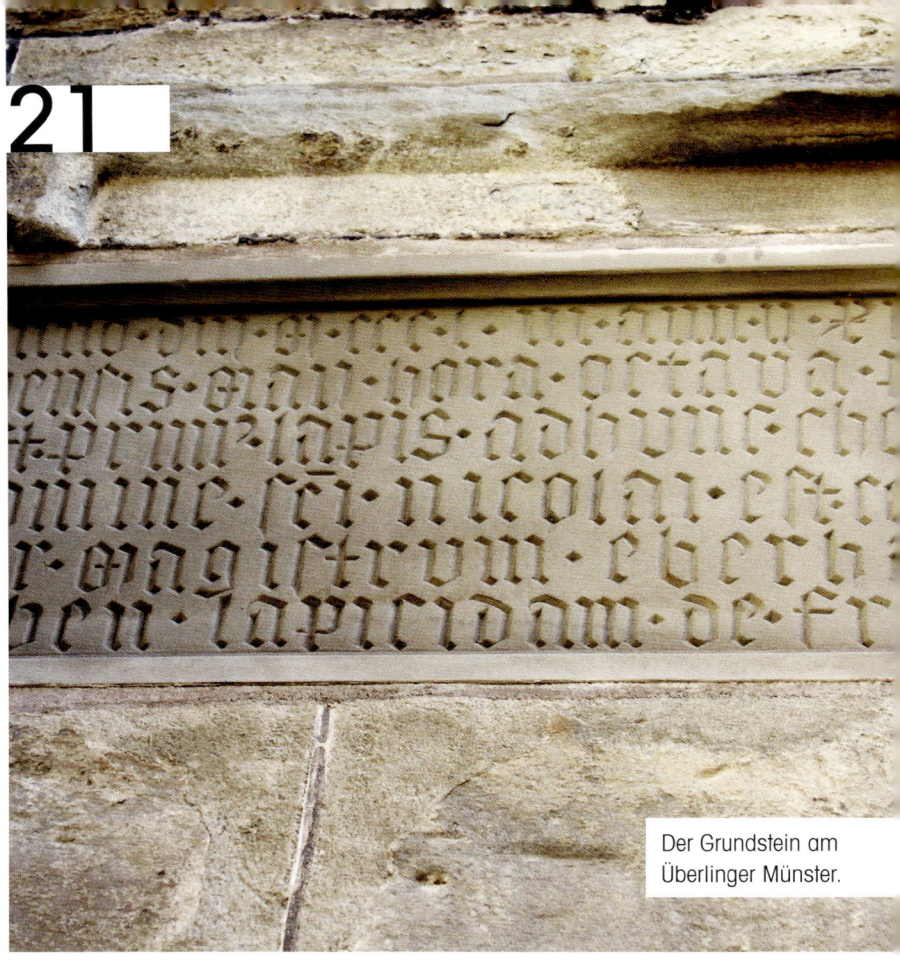

21

Der Grundstein am
Überlinger Münster.

Grundstein des Münsters
Ein gar selbstbewusster Baumeister

Auf der Südseite des Münsters hängt ein großer, viereckiger
Stein mit einer Inschrift, in der von einem Meister Eberhard Rab
aus Franken die Rede ist. „Anno domini MCCCL in anno yubilei

XIII die Maii hora octava positus est primus lapis ad hunc cho-
rum qui in nomine sancti nicolai est constructus per magistrum
Eberhardem Raben lapicidem de Franken", steht dort zu lesen.
Zu Deutsch: „Im Jahre des Herrn 1350 im Jubeljahr am 13. Mai
zur achten Stunde wurde der erste Stein gesetzt für diesen Chor,
der im Namen des heiligen Nikolaus gebaut ist durch Eberhard
Rab Steinmetz aus Franken."

Bei dem Stein am Münster handelt es sich um eine Kopie des
Grundsteines für den Münsterchor – das Original ging, wie Stadtarchivar Walter Liehner erklärt, verloren. Meister Eberhard müsse
ein außerordentlich selbstbe-
wusster Baumeister gewesen
sein. Denn er habe sich vermutlich im Münster selbst ein
Denkmal gesetzt und sich und
seine Frau in zwei Büsten an
der ersten südlichen Konsole
des Chorgewölbes abgebildet.
Eine solche Selbstdarstellung
sei im 14. Jahrhundert äußerst
untypisch gewesen. Unty-
pisch ist auch der Ort, an dem
sich der Grundstein – oder
besser: dessen Kopie – befindet: an der Außenwand des

> **So geht's zum
> Grundstein des Münsters:**
>
> Der Grundstein des Überlin-
> ger Münsters befindet sich an
> der Südseite des Gotteshau-
> ses. Die Büste des Meisters
> Eberhard nebst Gattin ist im
> Münster an der ersten südli-
> chen Konsole des Chorgewöl-
> bes zu sehen.

Südturms. Schließlich wäre es unlogisch gewesen, beim Bau
des Münsterchors mit dem Südturm zu beginnen. Dem war
auch nicht so, wie Liehner erklärt. Er hat eine ganz einfache
Antwort für den rätselhaften Platz: „Der Südturm wurde erst
später angebaut und im Zuge dieser Erweiterung muss auch der
Grundstein nach außen gewandert sein."

Eva-Maria Bast

22

אלה העצמות
והזמן
מה נקברו

Hier liegen die Gebeine
von unbekannten
jüdischen Menschen.
Sie waren vor 1349
auf dem Judenkirchhof
bestattet worden.

Oswald Burger beim jüdischen Grabstein auf dem Friedhof.

Jüdischer Grabstein

Nun ruhen sie in Frieden

Auf dem Überlinger Friedhof, gegenüber dem Eingang der Friedhofskapelle, steht in zweiter Reihe ein jüdischer Grabstein. Unter der hebräischen Inschrift ist die deutsche Übersetzung zu lesen: „Hier liegen die Gebeine von unbekannten jüdischen Menschen. Sie waren vor 1349 auf dem Judenkirchhof bestattet worden." Das wirft viele Fragen auf: Wie kamen die Gebeine der jüdischen Toten auf den städtischen Friedhof, auf dem vornehmlich Christen bestattet sind? Und warum sieht der Grabstein so neu

So geht's zum jüdischen Grabstein:

Der jüdische Grabstein befindet sich auf dem Überlinger Friedhof in der Wiestorstraße gegenüber dem Eingang der Friedhofskapelle in zweiter Reihe.

aus, wenn er doch Menschen gewidmet ist, die vor mehr als 660 Jahren verstorben sind?

Tatsächlich gab es damals einen jüdischen Friedhof in Überlingen. Des Rätsels Lösung ist das aber nicht, denn dieser lag keineswegs dort, wo sich heute der städtische Friedhof befindet, sondern im Gewann St. Katharinen/Judenkirchhof zwischen der Obertorstraße und der Frohsinnstraße. Im Zusammenhang mit den Judenpogromen im 14. Jahrhundert wurde der jüdische Friedhof aufgelöst (siehe Geheimnis 6). „Die Grabsteine der Juden wurden beim Bau von öffentlichen Gebäuden verwendet, die Gebeine der Verstorbenen blieben in der Erde", erklärt der Überlinger Historiker Oswald Burger. Auch beim Bau des gotischen Münsterchors, mit dem zu jener Zeit begonnen wurde, wurden die jüdischen Grabsteine als Baustoffe verwendet. „Theologisch durchaus sinnvoll: Die christliche Kirche steht auf jüdischem Fundament", erläutert Burger.

„Lange Zeit wusste man nur ungefähr, wo sich der einstige jüdische Friedhof befunden hatte", berichtet er. „Bei jeder Baumaßnahme im Gewann St. Katharinen/Judenkirchhof musste man damit rechnen, dass man auf den Friedhof stieß." Was im Jahre 2006 tatsächlich geschah und zwar im Zusammenhang mit einem Heizungseinbau in einem Gebäude in der Rauen-steinstraße: Die Bauarbeiter fanden menschliche Knochen, die Polizei ermittelte wegen Mordes, stellte aber schnell fest, dass es sich um Gebeine aus dem 14. Jahrhundert handelte. Der jüdische Friedhof war gefunden. „Man entdeckte die Gebeine von vier jüdischen Menschen. Wenn man in diesem Areal graben würde, würde man hunderte finden", ist Oswald Burger sich sicher.

Die Gebeine wurden mehrere Jahre lang auf dem Überlinger Friedhof eingelagert, bis der Überlinger Stollenverein 2008 bei Bildhauer Riccardo Itta einen Grabstein in Auftrag gab. „Der Grabstein ist exakt jüdischen Grabsteinen nachempfunden", sagt Oswald Burger. Sogar die hebräische Inschrift sei nicht spitz, wie auf christlichen Grabsteinen üblich, sondern, wie bei jüdischen Inschriften üblich, flach in den Stein gemeißelt.

Die Gebeine wurden also auf dem Überlinger Friedhof bestattet. Und auf dem Grabstein liegen heute zahlreiche kleine Steine. „Das ist typisch für jüdische Gräber", erzählt Oswald Burger. „Dieser Brauch stammt noch aus der Zeit der Wüstenbestattungen, als die Juden ihre Toten zum Schutz vor wilden Tieren mit Steinen bedeckten."

Einmal habe er den Grabstein auf dem Überlinger Friedhof jüdischen Besuchern gezeigt. Dabei habe sich die Frage aufgetan, ob man die sterblichen Überreste überhaupt hier hätte bestatten dürfen. „Denn jüdische Gebeine dürfen nicht exhumiert werden", berichtet Burger. Das habe man beim Fund aber nicht gewusst. Nun ist die Exhumierung längst geschehen und die jüdischen Überlinger ruhen inmitten ihrer christlichen Mitbürger. Ein schönes Symbol des nun währenden Friedens zwischen beiden Religionen.

Eva-Maria Bast

23

Eines der letzten Überbleibsel des mittelalterlichen Klostergebäudes der Franziskaner: das Lanzettfenster am Haupteingang des Alten- und Pflegeheims St. Franziskus.

Franziskanerfenster
Erinnerung an ein Klostergebäude

Wandelnde Mönche im Kreuzgang. Ein duftender Kräutergarten. Meditative Stille. Und Gebete, die voller Inbrunst gesprochen werden. Mit etwas Fantasie kann man derartige Szenen vor dem inne-

Das Fenster befindet sich neben dem hochmodernen Eingangstrakt zum Alten- und Pflegeheim St. Franziskus.

ren Auge sehen, wenn man das schmale Lanzettfenster neben dem Haupteingang zum Alten- und Pflegeheim St. Franziskus betrachtet, auf dessen Laibungen sich noch Reste einer Wandmalerei befinden. Handelt es sich doch um eines der letzten deutlich sichtbaren Überbleibsel des mittelalterlichen Klostergebäudes der Franziskaner, die 1259 erstmals in der Stadt erwähnt werden. Sie bekamen zunächst eine Parzelle am Rande der staufischen Stadt zugewiesen, später erhielten sie von Elisabeth von Königsegg aus dem Hause Hohenfels eine Parzelle an der heutigen Franziskanerstraße und errichteten dort von 1300 bis 1348 die Franziskanerkirche.

Die Franziskaner lebten vom Almosensammeln, außerdem durften sie seelsorgerische Dienste verrichten und hatten das Begräbnisrecht. Als 1530 der Erlass erging, dass innerhalb der Stadtmauern keine Beerdigungen mehr stattfinden durften, verloren die Franziskaner damit eine wichtige Einnahmequelle. Das Kloster verarmte immer mehr und nach den Belagerungen im Dreißigjährigen Krieg stand es kurz vor dem Ruin: In den 1650er Jahren lebten dort zeitweise nur noch drei Geistliche. Auch hatten die Franziskaner Konkurrenz bekommen: „Viele der Almosen flossen an die Kapuziner ab", erläutert Stadtarchivar Walter Liehner. Doch die Franziskaner wussten sich zu retten: Sie übernahmen die Lateinschule und gründeten ein Lyzeum. „Durch zu-sätzliche theologische und philosophische Kurse entstand fast universitärer Charakter", berichtet Liehner. Immer weiter wurde die Schule ausgebaut

So geht's zum Franziskanerfenster:

Das Fenster befindet sich am Haupteingang des Überlinger Alten- und Pflegeheims St. Franziskus in der Franziskanerstraße 22.

und zog auch zahlreiche Schüler von außerhalb an. Wegen des Platzmangels wurde von 1700 an erweitert: Man errichtete den Konventbau, 1709 folgten die beiden Südflügel und in den Jahren 1712/13 das Schulgebäude im Westflügel.

Durch die Säkularisation fiel das Kloster 1803 an den Deutschen Orden und später an das Großherzogtum Baden. 1808 wurde es aufgelöst, die Gebäude wurden vom Staat genutzt. 1817 gelangte das Klostergebäude in den Besitz der Stadt, die es gegen eine Vielzahl von Verwaltungsgebäuden eingetauscht hatte. Ab 1820 brachte die Stadt alle Schulen im ehemaligen Franziskanerkloster unter. Nur 26 Jahre später, 1846, richtete das Land Baden jedoch in dem Gebäude das Bezirksstrafgericht ein, später befand sich dort eine Kaserne. Danach stand das ehemalige Kloster leer, bis das Spital im Jahre 1857 einzog. Mit dem Bau des Krankenhauses an der St.-Ulrich-Straße 1883 wurde das Gebäude schließlich zum Altenheim. Seither hat es mehrere Umbauten und Sanierungsarbeiten gegeben. Im Zuge der Umbaumaßnahmen in den 1990er Jahren kam auch das Fenster der Franziskaner zum Vorschein. Ein Relikt, das an den Ursprung, die Besonderheit und auch an die Heiligkeit des Ortes erinnert, an dem zahlreiche Menschen nun ihren Lebensabend verbringen.

Eva-Maria Bast

24

Das Badehäuschen im Kurgarten.

Badehäuschen
Wohnt da Frau Bodensee?

An der Überlinger Uferprome-
nade, beim Haus des Gastes,
steht ein kleines, turmartiges
Häuschen. Unter Überlingens
Kindern kursiert die Geschichte,
dass es sich bei dem kleinen Gebäude um den Wohnsitz der
„Frau Bodensee" handelt. Ob
„Frau Bodensee" tatsächlich dort

> **So geht's zum Badehäuschen:**
>
> Das Badehaus steht im Über-
> linger Kurgarten, südöstlich
> vom Haus des Gastes (Bahn-
> hofstraße 19).

wohnt, wird wohl ewig ein Geheimnis bleiben – denn keiner hat
sie je gesehen. Wenn, dann lugt die sicherlich schon recht betagte
Dame durch die Ritzen der stets geschlossenen Fensterläden auf das
bunte Treiben im Sommer hinab. Vielleicht ein wenig missmutig
ob der Wiesen und Teerflächen zu Füßen ihres Häuschens. Stand
dieses doch bis zur Uferaufschüttung im Jahre 1976 direkt am
Wasser und diente als Badehäuschen der Gassmannschen Villa.
Diese wurde längst abgebrochen, das kleine Häuschen jedoch steht
stolz und aufrecht inmitten der Parkanlage. In der Denkmalliste der
Stadt Überlingen steht: „Der kleine, in Fachwerk aufgeführte und
‚gestelzte' Rechteckbau mit Satteldach besitzt eine für Gartenhäuser
typische Raumstruktur. Im verputzten Erdgeschoss befindet sich ein
separat zugänglicher Geräteraum, das verbretterte Obergeschoss,
das durch eine innenliegende Treppe erschlossen ist und den Auf-
enthaltsraum enthält, ragt an der giebelseitigen Eingangsfront auf
schön profilierten Holzstützen mit Zierhölzern in den Zwickeln weit
über." Bei dem Gartenhäuschen handle es sich um das letzte unver-
änderte Überlinger Beispiel eines direkt am See gelegenen Garten-
hauses aus dem 19. Jahrhundert, schreibt das Denkmalamt.

Eva-Maria Bast

25

Denkmalpfleger Ansgar Schmal weiß um die historische Bedeutung des Hohlweges.

Hohlweg
Ein verwunschenes Sträßchen

Geheimnisvoll schlängelt er sich durch den Molassefelsen zwischen Goldbach und Überlingen: der Hohlweg, den das Landesdenkmalamt als „mittelalterlichen/frühneuzeitlichen Verkehrsweg" bezeichnet. Die Stimmung dieses Weges ist eine ganz besondere. Durch die starken Biegungen und den tiefen Einschnitt in den Felsen entsteht ein facettenreiches Spiel aus Licht und Schatten, wird das Moos, das sich an den Felswänden abgesetzt hat, in gleißendes Licht getaucht. In dieser Atmosphäre ziehen die Bilder aus der Vergangenheit wie von selbst vor dem inneren Auge vorbei und man meint, mittelalterliche Menschen ihrer Wege ziehen zu sehen. „Im Mittelalter und in der frühen Neuzeit war der zwischen dem Hegau und Überlingen verlaufende Weg eine wichtige Verkehrsverbindung", erläutert Ansgar Schmal von der Unteren Denkmalschutzbehörde. Bei dem Wegstück zwischen dem westlichen

Verzauberte Stimmung auf dem Hohlweg zwischen der Goldbacher Straße und Goldbach.

Ende der Goldbacher Straße und Goldbach handle es sich um den markantesten Teil der heute noch vorhandenen, etwa 1,3 Kilometer langen alten Straße.

Wann genau die Straße gebaut wurde, sei unklar, erzählt Ansgar Schmal. Denkbar sei, dass sie bereits in frühgeschichtlicher Zeit entstand, bedeutsam wurde sie nach Einschätzung des Denkmalpflegers spätestens dann, als um 1100 n. Chr. am See eine Nikolauskirche entstand und sich dort ein Marktort ent-

So geht's zum Hohlweg:

Die Goldbacher Straße wird durch den Hohlweg gewissermaßen verlängert. Von Goldbach aus erreicht man das markante Wegstück, wenn man zwischen dem Haus Goldbach 10 und dem kleinen Brunnen gen Osten geht.

wickelte. Das Bestehen dieser Nikolauskirche sei archäologisch nachgewiesen, Überbleibsel der Kirche gebe es heute aber nicht mehr, berichtet Schmal. Die Siedlung sei möglicherweise noch von Friedrich Barbarossa, vielleicht aber auch erst von Friedrich II. im 12. Jahrhundert zur Stadt erhoben worden.

Ein erster Hinweis auf die Straße finde sich Ende des 13. Jahrhunderts in einem Straßenplan der Kernstadt: Dort sei eine von West nach Ost führende Straße verzeichnet, die das Stadtgebiet durch das Christophtor verließ und sich bis nach Goldbach fortsetzte.

Auch über das Mittelalter hinaus habe die Straße noch Bedeutung besessen, erklärt Schmal. Das sei daran zu erkennen, dass bis zum Dreißigjährigen Krieg die Tore und die Stadtmauer in diesem Bereich immer wieder verstärkt wurden. „Das machte man eigentlich nur dann, wenn das Tor an einer großen Straße gelegen war, auf der der Feind dann auch anrücken konnte."

Später sei die Straße dann vermutlich recht unwichtig geworden, schildert Ansgar Schmal. Auf einer Karte aus dem frühen 19. Jahrhundert sei sie nicht mehr als Post- und Hauptlandstraße verzeichnet. „Endgültig bedeutungslos wurde sie, als man 1846 die Straße zwischen Überlingen und Sernatingen, dem heutigen Ludwigshafen, baute." Aber das ist eine andere Geschichte, die wir in Geheimnis 41 erzählen.

Eva-Maria Bast

26

Hochherrschaftlich und prunkvoll: die Villa Loux in der Goldbacher Straße.

Villa Loux

Bahngleise als Erbe für die Stadt

Wer alte, prächtige Häuser liebt, für den lohnt sich ein Spaziergang durch die Wohngebiete „Auf dem Stein" und „Goldbacher Straße" – wohl die herrschaftlichste Wohngegend der Stadt. Geheim-

Die Initialen am Giebel der Villa Loux „A" und „S" geben Rätsel auf.

nisumwittert wirkt manch ein Türmchen, manch ein verwunsche-
ner Garten. Ein wirkliches Geheimnis rankt sich jedoch um die
Villa Loux – davon künden die großen Initialen, die am Giebel
angebracht sind: ein A und ein hineingeschlungenes S. Sie stehen
für den Namen des Erbauers der Villa, Adolf Seubert. Mit dem
beeindruckenden Gebäude schuf er sich 1902 ein Denkmal –
obwohl er dies gar nicht mehr gebraucht hätte. Schließlich gab es
bereits ein Andenken an ihn, das noch heute von Radolfzell bis
zur damaligen Landesgrenze bei Friedrichshafen-Fischbach verläuft und eifrig frequentiert wird: die Bahngleise, die sich auch
durch Überlingen ziehen. Auch für die Tunnelbauten in Stahringen und Überlingen und für den Bau der Bahnhöfe an dieser

Strecke zeichnete Seubert verantwortlich. Er war Ende des 19. Jahrhunderts Ingenieur und Inhaber der auf Bahn- und Brücken- bau spezialisierten Firma Asprion. Das Unternehmen beschäftigte zeitweise rund 3000 Arbeiter und 100 Ingenieure und war eine der führenden Bahn- und Tunnelbaufirmen in Deutschland.

Adolf Seubert und seine Baufirma ließen sich in Überlingen nie- der. Der Geschäftsmann führte ein luxuriöses Leben und war stol- zer Besitzer eines der ersten Überlinger Autos – eines Achtliter- Maybachs mit 200 PS. Auch machte Seubert gerne Jagdausflüge mit dem Grafen zu Bodman und begeisterte sich für das Segeln.

1902 ließ er sich vom Architek- ten und Stadtbaumeister Alfred Ilg die Villa Loux bauen – einen repräsentativen Wohnsitz mit Panoramablick auf den See. Im Gegensatz zu heutigen reichen Industriellen und Unterneh- mern baute sich Adolf Seubert seinen herrschaftlichen Wohn-

> **So geht's zur Villa Loux:**
>
> Die Villa Loux steht in Überlingen in der Goldba- cher Straße 16.

sitz also nicht in versteckter Abgeschiedenheit, sondern genau dort, wo sich die Früchte seiner Schaffenskraft zeigten: an der Eisenbahnlinie. Lange genießen konnte er seine Villa allerdings nicht, denn ein Jahr nach ihrer Errichtung verstarb Seubert im Alter von 53 Jahren. Sein repräsentatives Familiengrab befindet sich auf dem Städtischen Friedhof neben der Friedhofskapelle. Und auch die Stadt setzte dem großen Bauunternehmer ein Denk- mal: Am 12. September 1945 wurde eine kleine Straße, die sich unmittelbar neben der Bahnlinie und dem Tunnel im Osten der Stadt befindet, offiziell „Seubertweg" getauft.

Eva-Maria Bast

27

Vom Gallerturm überragt schmiegt sich der Quellturm an die Stadtmauer. In ihm wurde das wertvolle und Heil bringende Quellwasser gesammelt.

Quellturm
Heilendes Wasser für alle

Gedrungen schmiegt sich der Quellturm am Eingang zum Stadtgarten an die Stadtmauer, überragt von dem deutlich größeren und stattlicheren Gallerturm. Dass der kleinere der beiden Türme jedoch der für die Bedeutung Überlingens als Kneipp- und Kurstadt wichtigere ist, sieht man ihm nicht an.

Dabei soll sich in der Nähe seines Standortes im 15. Jahrhundert Unglaubliches abgespielt haben: Der Überlinger Chronist Johann Kutzle hielt zu Beginn des 18. Jahrhunderts eine unschöne Geschichte von einem Mann namens Schindelin fest, dem dort 1474 beim Baden eine Katze aus dem Allerwertesten gekrochen sein soll. Wahr oder unwahr? Man darf die Geschichte getrost in Frage stellen. Jedoch kommt Stadtarchivar Walter Liehner in einem Aufsatz über die Geschichte des Überlinger Bades zu dem Schluss, dass die Mineralquelle tatsächlich um diese Zeit herum entdeckt worden sein muss. Ähnlich vage sind die Angaben, die sich heute zur Bauzeit des Quellturms machen lassen: Der Großherzoglich Badische Medizinalrath Johann Nepomuk Sauter ging in seinem Buch „Beschreibung der Mineralquelle zu Überlingen am Bodensee" aus dem Jahr 1836 noch davon aus, dass das Rondell des Quellturms bereits stand, als 1503 der Gallerturm erbaut wurde. Heute jedoch vermutet man, dass das Türm-

So geht's zum Quellturm:

Der Quellturm steht am Eingang zum Überlinger Stadtgarten neben dem Parkhaus West (Christophstraße 3).

97

Noch heute füllen Überlinger und Gäste am Badbrünnele am Parkhaus West Wasser ab.

chen erst in der zweiten Hälfte des 16. Jahrhunderts errichtet wurde – also deutlich später als der Gallerturm. Fest steht: Der erste gesicherte Nachweis für die Quelle stammt aus dem Jahr 1519, auch wenn eine Sage behauptet, dass bereits römische und alemannische Krieger von dem Wasser aus Überlingen geheilt wurden.

Ungeachtet der vagen Angaben zu den Ursprüngen der Quelle hielt die Ratsverordnung Anfang des 16. Jahrhunderts bereits fest, wie das Heilwasser am besten zu nutzen und ein möglichst großer Erfolg zu erzielen sei: „Wenn meine Herren ein oder mer allhier baden, und dasselbe Wasserbaden für eine Badefart nehmen und haben will, so soll er sich meinem Herr Bürgermeister anzeigen, der mag dan 14 Tage zu baden erlauben, und so er also badet so soll derselbe follich 14 Tag mit Geschäften unbeladen und ruhig bleiben." Zwei Wochen baden und Heilwasser trinken, zwei Wochen ruhen: So ließ es sich im 16. Jahrhundert am Bodensee aushalten. Und nicht nur damals: Im Laufe der Jahrhunderte gewann Überlingen als Kurstadt an Bedeutung, spätestens im 19. Jahrhundert, als Badereisen in besseren Kreisen zum guten Ton gehörten.

Doch fast hätten es sich die Stadtväter mit der wertvollen Einnahme- und Heilquelle verscherzt. Als die Stadt 1895 endlich ans Schienennetz der Bodenseegürtelbahn angeschlossen wurde, sollte der Zug möglichst viele Besucher nach Überlingen bringen. Doch durch die massiven Arbeiten beim Bau des nahe gelegenen Eisenbahntunnels versiegte die Mineralquelle 1899 beinahe gänzlich. Sie konnte zwar gerettet und der Wasserlauf beibehalten werden, doch die Qualität hatte unter der Beeinträchtigung gelitten. Dessen ungeachtet sind nicht nur viele Kurgäste, sondern auch viele Überlinger noch heute davon überzeugt, dass es sich bei dem Wasser aus dem Quellturm um eine besondere Flüssigkeit handelt. So sieht man immer wieder Frauen und Männer mit Plastikkanistern oder Glasflaschen, die das Wasser am Badbrünnele am Eingang zum Stadtpark neben dem Parkhaus West auffangen.

Heike Thissen

28

Die Kopien der Schächerkreuze am originären Platz bei Goldbach.

Schächerkreuze

Gericht unter freiem Himmel

Drei Kreuze und ein fast bis zur Unkenntlichkeit verwitterter und häufig zugewachsener Steinsitz: Diese rätselhaften Relikte finden sich am Verbindungsweg zwischen der Goldbacher Straße und Goldbach. Und dann stehen im Überlinger Museum drei weitere solcher Kreuze, unmittelbar neben einem Bild, das eine Gerichtsszene zeigt und das augenscheinlich in Zusammenhang mit den Kreuzen steht. Was hat es damit auf sich?

Bei den Kreuzen handelt es sich um die Goldbacher Schächer-kreuzgruppe. Im Museum findet sich das wertvolle Original des

Werkes von Jörg Zürn, an seinem ursprünglichen Standort in Goldbach stehen heute Nachbildungen. „Dort im Freien hielt während reichsstädtischer Zeit das Überlinger Unterstadtgericht alljährlich seine letzte Sitzung ab", erklärt Kustos Peter Graubach. Dem Unterstadtgericht hätten die bürgerliche Rechtspflege und die leichten Kriminalfälle oblegen, während die Hohe Gerichtsbarkeit vom Oberstadtgericht ausgeübt worden sei.

Der Steinsitz gegenüber der Schächerkreuzgruppe erinnere an diesen Rechtsbrauch. Und die Kreuzigungsgruppe, die zur Zeit des Unterstadtgerichts noch im Original dort stand, sei zugleich Andachtsbild und Rechtsdenkmal gewesen.

Und was hat es mit dem Bild auf sich, das neben den Kreuzen im Museum hängt? Es ist das Werk des einheimischen Malers Christoph Lienhardt, der das Aquarell 1681 malte, möglicherweise, nachdem er eine solche Gerichtsszene mit eigenen Augen gesehen hatte. In seinem Bild hat er sie aber kurzerhand vom Freien in eine saalartige Stube verlegt. „Nur das auffällige Grün der Wände bedeutet vielleicht einen Hinweis auf die Goldbacher Natur", erklärt Graubach. Ansonsten sei die Darstellung aber recht authentisch. „Acht Richter, sieben Vertreter der Zünfte und ein Vertreter des Patriziats bildeten unter dem Vorsitz des Überlinger Stadtammanns das Unterstadtgericht – ganz wie auf Lienhardts Aquarell. Der Vorsitzende und der Gerichts-

> **So geht's zu den Schächerkreuzen:**
>
> Vom westlichen Ende der Goldbacher Straße führt ein Fußweg in Richtung Goldbach. Nach einigen Metern zweigt rechts ein Weg ab, der zu den Schächerkreuzen führt.
> Von Goldbach aus erreicht man die Schächerkreuze, wenn man den Weg zwischen dem Haus Goldbach 10 und einem kleinen Dorfbrunnen entlanggeht.

Kustos Peter Graubach vor den Schächerkreuzen im Museum.

schreiber sind beide an einem Richtertisch platziert. Und nahe der rechten Gerichtsschranke steht anscheinend der Beklagte oder sein Vertreter."

Auf dem Stein bei den Schächern tagte das Gericht letztmals am 22. Mai 1797, als der Rechtsbrauch, wie Graubach erklärt, fast schon zur bloßen Formalität abgesunken gewesen war. „Erhalten hat er sich am Ende überhaupt nur dank des traditionellen Essens im Anschluss an die Gerichtssitzung." Zwar sei dieses Essen ganz bescheiden als „Mittagssuppe" bezeichnet worden, doch sei das Mahl vermutlich stets wesentlich opulenter ausgefallen.

Eva-Maria Bast

29

Das Wappen an der Nordwand des Pfarrhauses kündet vom einstigen Patronatsrecht.

Wappen am Pfarrhaus

Stolz auf das Patronatsrecht

Es ist ein merkwürdiger Platz für ein Wappen: Wenn man die Rückseite des Überlinger Pfarrhauses betrachtet, findet man dort ein rot leuchtendes Wahrzeichen der Freien Reichsstadt Überlingen. Warum, fragt sich der Betrachter, wurde dieses Wappen an der fast schon ein wenig versteckten Nordseite angebracht? Die Antwort ist ganz einfach: Man wähnte dieses Relikt an der Nordwand sicherer, wollte es schützen, weil es den Überlingern viel bedeutete und vom eigenen Patronatsrecht kündete.

Es war anno 1557, als die Stadt von der Deutschordens-kommende Mainau das Patro-natsrecht erwarb. Die Reichs-stadt durfte ihren Pfarrer nun selbst bestimmen. Und das war für Überlingen sehr wich-tig, war es doch eine der wenigen Reichsstädte, die während der Reformation katholisch geblieben waren. Gewissermaßen mit stolzge-schwellter Brust baute man

Vom Garten des Alten- und Pflegeheims St. Franziskus aus ist das Wappen am Pfarrhaus beson-ders gut zu sehen.

sogleich einen neuen Pfarrhof an das 1378 gebaute Pfarrhaus auf dem nordwestlichen Münsterplatz an und teilte durch das Anbringen des Stadtwappens aller Welt mit, dass das Patronats-recht in den Händen der Stadt lag. Das ist das Wappen, das nun auf der Nordseite des heutigen Pfarrhauses prangt. Doch wie kam es dort hin? Schließlich steht das heutige Pfarrhaus nicht auf dem Münsterplatz, sondern etwas weiter nördlich?

In den 1880er Jahren kam in der Stadt der Wunsch auf, die Erhabenheit des Münsters als gotisches Gotteshaus zu unterstreichen. Dies wollte man durch den Abbruch der auf dem Münsterplatz stehenden Gebäude erreichen. Ein Vorhaben, das man in Absprache mit dem Großherzogtum Baden, bei dem inzwischen das Patronatsrecht lag, umsetzte: Man ließ die Häuser auf dem Münsterplatz abreißen und errichtete stattdessen etwas weiter nördlich das neue Pfarrhaus, das noch heute in dieser Funktion genutzt wird. Das Wappen, das vom einstigen Patronatsrecht kündet, brachte man an der geschützten Nordwand des neuen Gebäudes an. Doch auch die dem Münster zugewandte Südwand wird von zwei Wappen geziert: Links der Eingangstür findet sich das Badische Wappen in Erinnerung daran, dass das Großherzogtum – und heute das Land Baden-Württemberg – die Baupflicht hat. Rechts prangt das Wappen der Stadt Überlingen.

So geht's zum Wappen am Pfarrhaus:

Das Wappen auf der Nordseite des Pfarrhofes (Münsterplatz 1) kann man gut vom Garten des Alten- und Pflegeheims St. Franziskus, Franziskanerstraße 22, sehen.

Eva-Maria Bast

30

Das Grabmal der
Marga Graef.

Rotkreuzengel
„Liebe besiegt selbst den Tod"

Ein kleiner Steinengel mit einer Kreuzbinde am Arm findet sich auf einer Grabtafel an der Südwand der Überlinger Friedhofskapelle. Er gibt manch einem aufmerksamen Besucher des Friedhofs Rätsel auf – ist ein solches Motiv doch eher untypisch in der Kunstgeschichte. Was mag es mit dem Kreuz am

> **So geht's zum Rotkreuzengel:**
>
> Der Rotkreuzengel ist auf dem Überlinger Friedhof in der Wiestorstraße an der Südwand der Friedhofskapelle zu finden.

Arm des kleinen Engels auf sich haben? Ein Engel als Beschützer der Kranken und Armen? Diese Vermutung liegt nahe und wird durch die Inschrift der Grabtafel noch unterstrichen: „Liebe und Sonne verbreitend schritt sie ein Engel durchs Leben – Freude und Sonne entschwand Liebe besiegt selbst den Tod."

Gewidmet ist die Grabtafel Marga Graef, geborene von Bünau, geboren am 20. November 1892 in Cannstadt, verstorben am 23. November 1918 in Überlingen. Wer war diese Marga Graef? Eine bekannte, bedeutende Persönlichkeit muss sie gewesen sein, wenn sie eine derart prunkvolle Grabtafel auf dem Überlinger Friedhof erhalten hat. Und doch gibt es kaum einen, dem der Name heute noch ein Begriff ist.

Erst wenn man die zweite, daneben hängende Grabtafel studiert, tut sich ein Zusammenhang auf und es lässt sich erahnen, wieso eine vermeintlich unbekannte junge Frau, die im Alter von 26 Jahren verstarb, einen derart prunkvollen Grabstein erhielt. Taucht

Erinnert an die Spanische Grippe: der Engel mit der Kreuzbinde.

dort doch ebenfalls der Name von Bünau auf, allerdings im Zusammenhang mit einem wesentlich bekannteren Namen: Die nebenliegende Grabtafel ist nämlich Maria Levinger, verwitwete von Bünau, ihrem Mann Hermann Levinger und ihrer Tochter Barbara gewidmet. Und Landrat Hermann Levinger war ein großer, ein bedeutender Mann für Überlingen (siehe Geheimnis 47).

In welcher Beziehung aber stehen die beiden zu Marga Graef und dem kleinen Engel mit der Armbinde auf dem Überlinger Friedhof?

Marga Graef, geborene von Bünau, war die Tochter von Maria Levinger aus erster Ehe und damit die Stieftochter des Landrats. Viel ist über sie nicht bekannt. Drei Jahre alt soll sie gewesen sein, als sie mit der verwitweten Mutter und ihrem Bruder nach Überlingen kam, um dort ein hochherrschaftliches Leben zu beginnen. Im Ersten Weltkrieg soll sie fleißig und selbstlos im Lazarett ausgeholfen haben – tatsächlich ein Engel der Leidenden und Kranken. Schließlich wurde sie Opfer der Spanischen Grippe, deren Ausbreitung wegen des Kriegs streng geheim gehalten wurde. Die Krankenschwester Marga Graef infizierte sich bei der Pflege Erkrankter, der Engel auf ihrem Grabmal erinnert an die Krankenpflegerin – und an die Spanische Grippe, die in den Jahren 1918/19 mehr als 25 Millionen Todesopfer forderte, vor allem Menschen im Alter zwischen 20 und 40 Jahren.

Eva-Maria Bast

31

Oswald Burger am Gedenkstein auf der Uhlandhöhe.

Uhlandhöhe

Ein frostiges Bad im See

Auch wenn der Tübinger Dichter, Literaturwissenschaftler, Jurist und Politiker Ludwig Uhland heute nicht mehr die große Bekanntheit besitzt, derer er sich zu seinen Lebzeiten im 19. Jahrhundert erfreuen durfte: Zumindest sein Name ist noch vielen Baden-Württembergern geläufig. Jedoch wissen nur wenige, dass Uhland eine recht starke Verbundenheit zum Bodensee im Allgemeinen und zu Überlingen im Besonderen verspürte. An diese emotionale Nähe erinnert heute ein Gedenkstein auf der so genannten „Uhlandhöhe" oberhalb des Gallerturms, an den oberen Stadtgarten angrenzend.

Zum ersten Mal kam Uhland als 19-Jähriger an den Bodensee, als er im Herbst 1806 eine Fußreise mit Freunden in die Schweiz unternahm. Auch seine Hochzeitsreise im Juli 1820 führte ihn an den Bodensee und in die Schweiz. Später kam der Dichter durch seine Bekanntschaft mit einer ganz besonderen Persönlichkeit immer wieder an den See.

So geht's zur Uhlandhöhe:

Die Überlinger Uhlandhöhe erreicht man, wenn man die Straße „Zum Gallerturm" ganz bis zum Ende geht und dann dem nach rechts abzweigenden Fußweg hinter der „Waldburg" folgt.

Seit 1823 stand er in Kontakt mit Joseph von Laßberg, einem bekannten Sammler und Bewahrer mittelalterlicher Handschriften, der 1837 die Meersburg kaufte. „Verbunden hat sie das Interesse für mittelalterliche Literatur, sie studierten alte Handschriften, forschten und tauschten sich aus", erklärt der Überlinger Historiker Oswald Burger, der sich mit Ludwig Uhland und dessen Aufenthalten in Überlingen befasst hat. So hat Burger auch alle Briefe gelesen, die Uhland aus Überlingen schrieb. Daher weiß der Historiker, dass der Dichter sich sehr für die literarischen Schätze der heute noch bestehenden Leopold-Sophien-Bibliothek im Steinhaus interessierte.

In seinen letzten Lebensjahren sei Uhland dann mehrmals zum Urlauben, als Sommerfrischler, nach Überlingen gekommen, habe als wohlhabender Mann vermutlich im damals neu errichteten

Bad-Hotel gewohnt und sich während seiner Aufenthalte immer sportlich betätigt. „Er war immer ein tapferer Wanderer und Schwimmer, einmal wanderte er sogar von seiner Heimatstadt Tübingen bis nach Italien", berichtet Burger. Er kennt auch eine nette Anekdote, die sich in Überlingen zugetragen haben soll:

Im September des Jahres 1861 – dem Jahr vor seinem Tod – wollte Uhland noch einmal im Bodensee baden. Zwar war es recht kalt, doch der sportliche Senior war abgehärtet. Ein eisiger See konnte ihn nicht schrecken. Aber die resolute Überlinger Badefrau öffnete das Badehäusle nicht und erklärte Uhland auf dessen Beschwerde hin: „Wer wird denn auch bei eilf Grad im See baden und vollends ein so alter Herr wie Sie!"

Im Zweiten Weltkrieg kehrte Ludwig Uhland gewissermaßen wieder in die Stadt am Bodensee zurück – freilich nicht persönlich, denn er war längst verstorben. Aber seine kostbaren, im Cotta-Verlag erschienenen Werke wurden mit denen vieler anderer Dichter während des Krieges im Gallerturm eingelagert (siehe Geheimnis 35) – damit sie bei den Luftangriffen auf Stuttgart keinen Schaden nehmen konnten.

Eva-Maria Bast

32

Stefan Mayer schaut
stolz und bewundernd
zu dem steinernen
Männle auf, das neben
seiner Haustür wacht.

Steinerner Männerkopf

Ein garstiger Bärtiger bewacht Waffen

Der Überlinger Büchsenmacher und Werkzeugmachermeister Stefan Mayer ist in der Stadt wohl bekannt für sein verantwortungsvolles Handeln beim Verkauf der angebotenen Waffen. 2010 hat er sich noch Verstärkung geholt: Ein steinerner Männerkopf mit langem Haar und rauschendem Bart wacht nun an der rechten Seite des Hauses neben dem Seiteneingang über Waffen, Haus und Hof. Zu benehmen weiß sich das Männle aber nicht, streckt es den Passanten im Adlergässchen doch permanent die Zunge heraus. Stefan Mayer ist trotzdem stolz auf die Steinskulptur, denn sie zeugt von einem wichtigen Teil Überlinger Stadtgeschichte – auch, wenn heute kaum einer das Männle mit den Franziskanern, den Herren von Bodman und einem brennenden Haus in Verbindung bringt.

> **So geht's zum steinernen Männerkopf:**
>
> Der Männerkopf befindet sich am Gebäude mit der Hausnummer 2 im Überlinger Adlergässchen rechts oben neben der Eingangstür zum Haus.

Doch von vorne: Bei dem fratzenartigen Männerkopf handelt es sich um ein Sandsteinkapitell aus dem Jahre 1577. Die Jahreszahl ist links und rechts des Männles eingehauen. Die Längsseite ist mit Profilen verziert und trägt in einem Wappenfeld die Initialen I und B. Diese weisen darauf hin, dass das Sandsteinkapitell einst den Herren von Bodman gehörte, die sich bereits 1386 in das Burgrecht der Reichsstadt aufnehmen ließen. 1610 kaufte

Junker Hans Wolf von und zu Bodman von Matthäus Schwarz und dessen Frau nämlich just an der Stelle, an der das Männle heute über Stefan Mayers Waffen wacht, Haus, Hof und Stall. Das Haus war direkt an die Barfüßerkirche (Franziskanerkirche) gebaut. 1615 gestatteten die Franziskaner Hans Wolf von und zu Bodman, zum Besuch der Kirche einen Zugang von seinem Haus durch die Kirchenmauer zu brechen. Ein Zugeständnis, das die Franziskaner später bereuen sollten, als sie mit den Herren von Bodman wegen einer schadhaften Wasserrinne zwischen der Franziskanerkirche und dem Bodmanschen Haus in Streit gerie-

Der im Jahr 1577 geschaffene Männerkopf aus Sandstein gibt dem Gebäude Adlergässchen 2 eine ganz besondere Note.

114

ten. Ende des 17. Jahrhunderts kaufte der Metzger Johann Georg Müller das Bodmansche Haus und führte die notwendigen Reparaturen an der Mauer zur Kirche auf eigene Kosten aus. 1753 verkaufte sein Nachkomme Bartholomäus Müller das Haus an die Franziskaner. 1836 wurde das Gebäude von Stadtrechner Ullersberger ersteigert und zwei Jahre später an Adlerwirt Nepomuk Hehl verkauft. Die Familie Hehl war der letzte Besitzer des Gebäudes, denn der Gasthof Adler – und das wissen noch viele Überlinger aus Erzählungen ihrer Vorfahren – brannte 1895 ab. Wenig später wurden zwei neue Wohn- und Geschäftshäuser errichtet, eines davon gehört heute Stefan Mayer. Außerdem wurde das Adlergässchen, in dem heute sein Haus steht, als Feuergasse geschaffen.

Das „Fratzen"-Kapitell gehörte vermutlich zu einer mehrbogigen Fensternische im Bodmanschen Haus, wie sie vor allem im 16. Jahrhundert sehr häufig vorkamen. Das Kapitell wurde beim Neubau der Häuser in dreieinhalb Metern Höhe am oberen Ende einer seitlichen Außenmauer eingelassen.

Im Zuge des Umbaus im Jahr 2007 veranlasste Stefan Mayer die Freilegung des Sandsteinkapitells. Er wollte ihm einen würdigeren Platz angedeihen lassen, zumal Teile der Verzierungen, mit denen die Figur ausgestattet ist, eingemauert und somit unsichtbar waren. Mayer beauftragte den Überlinger Steinmetz Riccardo Itta mit der Sanierung und Versetzung des Kapitells an die Außenmauer. Dadurch wurden alle drei Seiten mit ihren großartigen Verzierungen wieder sichtbar. Und das Männle hat auch seinen Spaß, weil es nun nicht immer dem gleichen Menschen, dem Hausbesitzer, die Zunge herausstrecken muss, sondern zahlreiche Bewunderer mit dieser frechen Geste überraschen kann.

Eva-Maria Bast

33

Bei diesem Hirten handelt es sich möglicherweise um ein Selbstbildnis des Künstlers Jörg Zürn.

Hochaltar im Münster

Der Bildhauer als Hirte

Der geschnitzte Hochaltar im Überlinger Münster, geschaffen in den Jahren 1613 bis 1616 vom Überlinger Holzschnitzer Jörg Zürn und seinen Mitarbeitern, ist ein atemberaubendes Werk. Ein Schatz, ein Juwel, auf das die Überlinger mit Recht stolz sind. Und auch um diesen Hochaltar mit seinen 23 lebensgroßen und mehr als 50 kleinen Figuren rankt sich

ein Rätsel, ein Geheimnis:
Möglicherweise hat sich der
Meister in ihm ein Selbstbildnis geschaffen. „Zu dieser Zeit haben sich die Künstler häufig selbst in ihren
Werken abgebildet", erklärt
der Überlinger Münsterspezia-
list Manfred Bruker. Und es
gebe eine Überlinger Sage, die
eben das erzählt: dass auch
Jörg Zürn sich in diesem seinem großartigen Werk selbst
dargestellt habe. Laut der
Überlieferung handelt es sich
bei dem Hirten, der nicht – wie
alle anderen – an der Krippe
weilt, sondern im Gehen
begriffen ist, um Jörg Zürn.
Der Hirte zieht seinen Hut,
wirft einen scheinbar letzten
Blick über die Schulter auf
die Krippe. Bei sich hat er

Münsterkenner
Manfred Bruker
hat den Hochal-
tar kunsthisto-
risch erforscht.

einen Hund und dieser, interpretiert Bruker, „scheint den Hirten mit dem Hut auch fast ein wenig aus dem Bild herauszu-
ziehen."

Warum aber soll Jörg Zürn ausgerechnet der Hirte sein, der
die Krippe so schnell wieder verlässt? „Es ist die auffallendste
Hirtenfigur", erklärt Bruker. „Außerdem ist das derjenige
Hirte, der wieder zur Arbeit schreitet. Auch, wenn die Geburt
des Jesusknaben noch so wichtig, noch so ergreifend ist: Einer
muss wieder zur Herde zurück und nach dem Rechten sehen."
Das passe zum Charakter des Jörg Zürn, der immer sehr „schaf-
fig, aktiv und pflichtbewusst" gewesen sei.

Auch der Hund, der den Hirten begleitet, ist nach Brukers Ansicht anhand eines lebenden Modells geschaffen worden – nach einem Hund, der seinerzeit die Herzen der Überlinger höher schlagen ließ: „Man erzählt sich, dass zu Lebzeiten von Jörg Zürn immer zur Weihnachtszeit ein Hirte aus Hödingen mit seinem Hund nach Überlingen kam." Dieser Hund sei sehr zutraulich gewesen und habe sich in der ganzen Stadt größter Beliebtheit erfreut. Er vermute, erklärt Bruker, dass auch Zürn dem Charme des Hundes derart erlegen war, dass er ihn im Altar abbildete.

Zum Selbstbildnis des großen Holzschnitzers im Hochaltar gebe es noch eine andere Einschätzung von Kunstexperten, sagt Manfred Bruker. Diese gingen davon aus, dass es sich nicht bei dem aus dem Werk herausschreitenden, sondern bei dem knienden, die Hände ringenden Hirten

So geht's zum Hochaltar im Münster:

Das Relief mit dem Selbstbildnis des Jörg Zürn steht im Überlinger Münster auf dem Hochaltar.

um ein Selbstbildnis des Jörg Zürn handle. Schließlich sei es seinerzeit üblich gewesen, dass Künstler, die sich selbst in ihren Werken abbildeten, immer aus dem Werk hinaus und damit gewissermaßen in die Welt ihrer Betrachter schauten. Bruker teilt diese Meinung jedoch nicht. Er hat eine andere Erklärung dafür, dass der Hände ringende Hirte nicht auf den Jesusknaben, sondern aus dem Bild herausschaut: „Jesus ist ja der Sohn Gottes und den soll man nach der alttestamentarischen Tradition nicht ansehen."

Eva-Maria Bast

34

Stadtarchivar Walter Liehner weiß das
Geheimnis um das Relief zwischen der
Franziskanerstraße und dem Alten- und
Pflegeheim St. Franziskus zu lüften.

Spitalstifterrelief
Wohltäter für Arme und Kranke

Im Durchgang zwischen der Franziskanerkirche und dem Südflügel des Alten- und Pflegeheims St. Franziskus hängt auf der rechten Seite ein beeindruckendes Relief. Es zeigt Gottvater, der den
Gekreuzigten in den Armen hält. Ein Gnadenstuhl, wie man ihn
häufig sieht. Ungewöhnlich sind jedoch die beiden Figuren, die
neben Vater und Sohn abgebildet sind. Es handelt sich nicht um
biblische, sondern um weltliche Gestalten. Stadtarchivar Walter
Liehner kann das Geheimnis um ihre Identität lüften. „Das sind
Heinrich Bubo und seine Frau Ursula", erklärt er. Einer Notiz des

In diesem Durchgang verbirgt sich,
auf der rechten Seite, das Stifterrelief.

Überlinger Chronisten Jakob Reutlinger zufolge soll es am Eingang des ursprünglichen Spitals eine Inschrift gegeben haben,
wonach Heinrich Bubo und seine Frau das Spital in Überlingen
gestiftet haben. Das einst ebenfalls am Spital angebrachte Relief
sei ihnen zu Ehren geschaffen worden, erklärt Liehner.

Das allererste Spital habe es wohl bereits um 1250 in der Stadt
gegeben. Genau lasse sich sein Standort heute nicht mehr lokali-

120

sieren, man vermute aber stark, dass es sich im Bereich des Landungsplatzes am Bodensee befunden habe, meint Walter Liehner. Nach dem Judenpogrom von 1349, als jüdische Gebäude an die Stadt fielen (siehe Geheimnis 6), kaufte das Spital die jüdische Synagoge am Landungsplatz und erweiterte hier seine Kranken- und Pflegestation. Dabei entstand

So geht's zum Spitalstifterrelief:

Das Relief ist im Durchgang zwischen der Überlinger Franziskanerkirche und dem Alten- und Pflegeheim St. Franziskus (Franziskanerstraße 22) zu sehen.

wohl auch das Spitalrelief, das der Stilkritik zufolge aus dem zweiten Drittel des 14. Jahrhunderts stammen dürfte.

Aufgabe des Spitals war es, Arme, Kranke, Wöchnerinnen und Waisenkinder zu versorgen. Diesem Zweck konnte man dank großzügiger Stifter wie den Bubos gerecht werden. Um weitere Einnahmen zu generieren, kaufte das Spital Grundstücke und Höfe und erwarb Zehntrechte.

Da es auf dem Landungsplatz recht feucht war, waren die spitälischen Gebäude Mitte des 19. Jahrhunderts sehr abgewirtschaftet. 1854 ergab sich für das Spital die Möglichkeit, das ehemalige Kloster der Franziskaner zu erwerben. Das lang gestreckte Gebäude wurde für Spitalzwecke hergerichtet, zu Ostern 1857 erfolgte der Umzug. 1858 wurde das ehemalige Spital am Landungsplatz abgerissen, das Stifterrelief gerettet und an seinen heutigen Platz gebracht.

Eva-Maria Bast

35

Vom Stadtgraben aus betrachtet macht der Gallerturm einen sehr wehrhaften Eindruck. Auch die Zinnen sind von hier aus zu sehen.

Gallerturm

Von Wehrhaftigkeit und Literaturschätzen

Er hat sowohl Zinnen als auch ein Zeltdach, sowohl Rundbögen als auch viel kleinere, eckige Fenster, sowohl Steine aus seiner Entstehungszeit 1502/03 als auch Gemäuer aus dem letzten Drittel des 19. Jahrhunderts. Der Gallerturm, der stolz über den Überlinger Stadtgraben aufragt, gibt dem bauhistorisch interessierten Betrachter Rätsel auf.

Ursprünglich, erklärt Stadtarchivar Walter Liehner, habe der Gallerturm ein Zeltdach gehabt, das aber im Zuge eines Umbaus im Jahre 1875 abgebrochen worden sei. Stattdessen wurde nun eine Zinnenbekrönung aufgesetzt. 1860 waren bereits große Fenster mit Rundbögen eingebrochen worden. Der Gallerturm, weiß Liehner, habe damals zum Badhotel gehört und ein zinnengekrönter Turm mit Rundbögen habe viel mehr der romantisierenden Vorstellung entsprochen als ein wehrhafter Turm mit Zeltdach und Schießscharten. 1934 besann man sich dann aber auf seinen ursprünglichen Charakter und versuchte, diesen wiederherzustellen. Ein Zeltdach wurde aufgebracht und Teile der Fenster zugemauert. Jetzt besaß der Turm weitgehend wieder seine originale Optik. Nur Zinnen auf halber Höhe und einige Rundbogenfenster zeugen noch von den zahlreichen Umbaumaßnahmen.

> **So geht's zum Gallerturm:**
>
> Der Überlinger Gallerturm ist über die Stufen links neben dem Parkhaus West in der Christophstraße oder über den Weg „Zum Gallerturm", der von der Aufkircher Straße abzweigt, zu erreichen.

Vom Weg „Gallerturm" aus sind die 1860 eingebrochenen Rundbogenfenster noch zu sehen.

Der Turm hatte seinen wehrhaften Charakter also bereits wieder zurückerlangt, als dort im Zweiten Weltkrieg wertvolle Bücher des Stuttgarter Cotta-Verlags eingelagert wurden. Zu diesem Zweck baute man auf zwei Etagen des Turms Regale ein. Angeordnet wurden sie sektorenförmig von innen nach außen, so dass in der Mitte ein Kreis frei blieb. So eng sollen die Regale gestanden haben, dass man sich kaum zwischen ihnen hindurchzwängen konnte. Im Dezember 1943 wurde die kostbare Fracht vor den Bombenangriffen auf Stuttgart gerettet und in einem Möbelwagen nach Überlingen gebracht. Da die Brücke über den Blatterngraben zu wackelig war, parkte der Möbelwagen vor der Kapuzinerkirche, wo Überlinger Schüler die Bücher auf Bauernwagen umluden, zum Gallerturm zogen, sich dort zu einer Kette aufstellten und die Bücher von Hand zu Hand in den Turm weitergaben.

Liselotte Lohrer, spätere Gattin des in Überlingen lebenden Schriftstellers Ernst Jünger, waltete im Auftrag des Verlags im Gallerturm. Sie sollte die literarischen Schätze ordnen und außerdem Forschern Zugang gewähren. Die vorausschauende und vorsichtige junge Frau wusste, welche Kostbarkeiten ihr da anvertraut worden waren, und versteckte ganz wertvolle Handschriften in ihrer Privatwohnung. Gestohlen wurde nie etwas, nur einmal kam es zu einem Einbruch. Literaturbeflissen waren die Diebe aber anscheinend nicht: Sie entwendeten lediglich Glühbirnen.

Auch gegen die französische Besatzung wusste Liselotte Lohrer die Bücher zu verteidigen: Als ein französischer Offizier die Schätze im Gallerturm zu sehen wünschte und einige der Bücher für sich beanspruchte, suchte die kluge Frau einige Dubletten für ihn heraus und schrieb „Erstausgabe" hinein.

Eva-Maria Bast

36

In der heutigen Zunftstube der Überlinger Narren waren einst Gefangene inhaftiert.

Altes Gefängnis
Revolutionäre in der Turmgasse

In der Überlinger Turmgasse, dort, wo heute die Überlinger Narren ihre Zunftstube haben und allerlei närrisch-kluge Beschlüsse fassen, soll einst ein Mitstreiter der Revolutionäre Friedrich Hecker und Gustav Struve inhaftiert gewesen sein. Das weiß der

Überlinger Brauchtumskenner Wolfgang Lechler zu berichten. In dem zum Gebäude gehörenden Turm, der sowohl von der Turmgasse als auch vom Stadtgraben aus sichtbar ist, befand sich nämlich einst das Überlinger Gefängnis. Und in der oberen Turmstube, wo heute die Hänsele-Häs genäht und repariert werden, finden sich, in die Laibungen der vergitterten Fenster eingehauen, Namen und Jahreszahlen. Im linken Fenstersims steht, neben dem Namen J. Ehrmann, die Jahreszahl 1886. In der rechten Fensterlaibung sind der Name Georg und die Jahreszahl 1891 eingeritzt. Ende des 19. Jahrhunderts wurde das neue Gefängnis

Einkerbungen am rechten Fenstersims der Turmstube: Georg.

hinter der alten Kirche gebaut und das Gefängnis im alten Turm wurde Geschichte.

Friedrich Hecker und Gustav Struve waren Hauptfiguren der Badischen Revolution. Sie kämpften im April 1848 für die Ziele der Märzrevolution, wollten die Monarchie stürzen und eine Republik errichten. Als eine der wichtigsten Aktionen der Revolution gilt der Heckerzug, bei dem am 12. April mehrere hundert Bewaffnete von Konstanz aus in Richtung Karlsruhe starteten. Dort wollten sie mit tausenden Unterstützern die Regierung stürzen. Der Heckerzug

Einkerbungen am linken Fenstersims der Turmstube: J. Ehrmann 1886.

selbst scheiterte am Widerstand von Truppen des Deutschen Bundes. Hecker flüchtete zunächst in die Schweiz, dann nach Nordamerika. Struve, der ebenfalls in die Schweiz floh, plante von dort aus einen zweiten Aufstand. Im September 1848 marschierte er mit seinen Gefolgsleuten zum Lörracher

So geht's zum Alten Gefängnis:

Das alte Überlinger Gefängnis steht in der Turmgasse 7 und beherbergt heute die Zunftstube der Narrenzunft.

Rathaus und proklamierte die Republik. Auch er erlitt eine Niederlage, wurde gefangengenommen und nach Rastatt gebracht. Es gebe jedoch Gerüchte, dass Struve kurzzeitig in Überlingen inhaftiert gewesen sei, weiß Lechler. Ein anderes Gerücht sage, dass Struve beim Heckeraufstand gerade mal bis Stockach kam. „Und dann hat's angefangen zu regnen und er ist umgedreht", schmunzelt Lechler, der allerdings den kampfeslustigen Revolutionär nicht so ganz mit der Scheu vor Regentropfen in Verbindung bringen kann. Tatsache ist aber wohl, dass Struve nur 16 Überlinger zur Teilnahme überreden konnte, von denen die meisten noch am selben Tag in ihre Heimatstadt zurückkehrten.

Eva-Maria Bast

Die Schanze am St.-Johann-Turm.

St.-Johann-Schanze

Wo einst Kanonen abgefeuert wurden

Heute ist sie eine Ruine, aber im letzten Drittel des Dreißigjährigen Kriegs bot die Schanze beim St.-Johann-Turm hervorra-
gende Möglichkeiten, weit ins Vorfeld hinauszuschießen und den
herannahenden Feind zu vertreiben. Die Anfänge der viereckigen
Schanze liegen allerdings schon im Jahre 1565. Das Grundstück

Anstelle von Feinden bedrängt heute die üppig wuchernde Vegetation die Schanze, sehr zum Leidwesen von Stadtarchivar Walter Liehner.

befand sich damals im Besitz der Johanniter und die Stadt genehmigte ihnen, den Platz hinter ihrem Badhaus mit einer Mauer einzufassen und dort einen Garten anzulegen. Während der Belagerungen durch die Schweden in den Jahren 1632 und 1634 lernten die Überlinger, wie wichtig es ist, den Feind durch Beschuss von den Stadtmauern fernzuhalten. Doch der St.-Johann-Turm reichte nicht aus, um von breiter Front zu schießen, und so entschied man sich in den 1640er Jahren, den Garten der Johanniter in eine Schanze umzuwandeln. Der Garten wurde deutlich erhöht und als Plattform für Geschütze aufgeworfen.

Nach erneuter Belagerung durch Konrad Widerhold vom Hohentwiel in den Jahren 1643/44 war der Dreißigjährige Krieg für die Überlinger frühzeitig vorbei und die Schanze wurde zunächst nicht mehr gebraucht. Doch die materiellen Folgen des Krieges waren für die Überlinger enorm. „Es gab schlimme Zerstörungen innerhalb der Stadt und viele Menschen zogen weg, weil sie in

Überlingen keine Zukunft mehr sahen", beschreibt Stadtarchivar Walter Liehner. Mit am härtesten in ihrer Existenz bedrohte die Überlinger die Tatsache, dass die Schweden bereits 1634 den größten Teil der Weinberge ausgehackt und zerstört hatten. „Dadurch war die wirtschaftliche Grundlage praktisch weg", erklärt Liehner. Es habe viele Jahrzehnte gedauert, bis die Überlinger zu einem einigermaßen normalen Leben zurückfinden konnten.

1733 wurde die Schanze repariert, um 1802 begannen die Johanniter, sie in einen Hochgarten umzuwandeln, und ließen das Gemäuer zu diesem Zweck ein Stückchen abtragen. „In dieser Nutzung wurde die Schanze eine ganze Weile lang betrieben", sagt Liehner.

So geht's zur St.-Johann-Schanze:

Die alte Schanze ist die östliche Begrenzung des Areals vor dem St.-Johann-Turm. Einen Zugang gibt es über das obere Ende der Gradebergstraße. Eine rampenartige Straße führt in südöstlicher Richtung den Berg hinauf.

Nachdem Überlingen mediatisiert und auch die Johanniter-Kommende säkularisiert war, kam es zu einer regelrechten Tauschwelle von Gebäuden zwischen der Stadt und dem Großherzogtum Baden. 1817 wurden der St.-Johann-Turm und die Schanze an das Großherzogtum abgegeben.

Heute muss die Schanze nicht mehr dem Beschuss durch den Feind, sondern der üppig wuchernden Vegetation standhalten: Das Gelände ist komplett verbuscht, die Mauer in schlechtem Zustand und die Treppe, die seitlich auf die Mauer hinaufführt, wegen Einsturzgefahr abgesperrt.

Eva-Maria Bast

38

Korpulentere Menschen haben es hier schwer: Das Zitronengässle zwischen der Luziengasse und der Krummebergstraße bietet wenig Platz nach rechts und links.

Zitronengässle

Zerquetscht wie eine saure Südfrucht

Toni Wasowicz ist ein schlanker Mann. Und das ist auch gut so, denn beleibtere Menschen haben es schwer dort, wo er schon sein ganzes Leben lang wohnt: im Überlinger Zitronengässle, das an seiner schmalsten Stelle gerade mal 80 Zentimeter misst. Eine Legende erzählt, dass das Zitronengässle seinen Namen aufgrund seiner mangelnden Breite erhalten habe – weil man beim Gang durch das Gässle zerquetscht werde wie eine Zitrone. Toni Wasowicz kennt die Geschichte um die Namensgebung aber ganz anderes: „Die Familie Vanotti hatte am östlichen Ende des Gässles in einem Keller Zitronen eingelagert", berichtet er. Der Keller ist heute noch sichtbar. Sein Eingang befindet sich praktisch unter dem Zitronengässle in einer Mauer der tiefer gelegenen Luziengasse, von der aus man das Zitronengässle über Stufen erreicht.

Die italienischen Gebrüder Bernardo und Giuseppe Vanotti stammten aus Musso am Comer See. 1730 traten sie der seit 1697 in Überlingen bestehenden Handelsgesellschaft der italienischen Familie Prestinari bei. 1746 stieß noch ein dritter Bruder, Biagio, dazu. Die Vanotti handelten sehr erfolgreich mit Textilien, Kriegsmaterial, Zitronen und Öl aus Italien und brachten damit Wohlstand in die Stadt.

Im Zusammenhang mit den Vanotti soll auch der Begriff

> **So geht's zum Zitronengässle:**
>
> Das Überlinger Zitronengässle ist der Verbindungsweg zwischen der Luziengasse und der Krummebergstraße.

„Zitronenschüttler" entstanden sein, mit dem man die in Überlingen lebenden Italiener damals belegte – weil sie ihre Zitronen im Wagen durch das schmale Zitronengässle fuhren und die Südfrüchte dabei ob des holprigen Untergrundes durchgeschüttelt wurden. „Die Anekdote mit den Zitronenschüttlern ist mir nicht ganz schlüssig, da man mit dem entsprechenden Fuhrwerk ja wahrscheinlich nicht durch die engste Stelle hindurchkam", sagt Wasowicz.

Toni Wasowicz wohnt schon sein ganzes Leben lang im Zitronengässle. Er misst nach: An der schmalsten Stelle ist das Gässle 80 Zentimenter breit.

Eine herrliche Kindheit habe er im Zitronengässle gehabt, schwärmt der Altüberlinger. „Wir hatten früher stärkere Winter mit viel Schnee. Da sind wir von der Haustüre aus mit dem Schlitten bis vor zur Straße gefahren." 40 bis 50 Meter seien das gewesen, die gesamte Länge des Zitronengässles betrage etwa 80 Meter. Es gibt dort nur zwei Hauseingänge, außerdem zwei Eckhäuser mit Eingang zu den jeweils kreuzenden Straßen und noch zwei alte Schuppen. In dem Keller, in dem die Vanotti zuvor Zitronen gelagert hatten, hatte in der Nachkriegszeit die Molkerei Scheffold ihr Käselager. „Herr Scheffold fuhr immer mit seinem Transportwagen sämtliche Überlinger Haushalte ab und wir Jungs durften mitfahren", erinnert sich Wasowicz. Und immer, wenn frischer Käse angeliefert wurde, durften Toni Wasowicz und sein Bruder Reinhard mit in den Keller gehen und sich ein Stückchen herunterschneiden lassen.

Eva-Maria Bast

39

Eine verwunschene Atmosphäre: das
Hexenhäusle im oberen Überlinger
Stadtgarten lässt an Märchen glauben.

Klausnerhäusle
Ein Ort für Einsiedler und Hexen

Wer einst dort wohnte? In dem kleinen Hexenhäusle im oberen
Teil des Stadtgartens? Dieses Geheimnis lässt sich wohl nie ganz
klären. Mancher glaubt zu wissen, dass dort einst ein Einsiedler
gelebt habe. Auch der Südkurier-Vorläufer Seebote schrieb am

11. Dezember 1905 von einer „Eremitage" (frz.: Einsiedelei) im Stadtgarten, die der Kunstmaler Victor Mezger senior ausgemalt haben soll. Und der offizielle Name des Hexenhäusles – Klausnerhäusle – ist ein weiterer Hinweis darauf, dass es einst einen Einsiedler beherbergt haben könnte. Manch ein Altüberlinger ist jedoch der Ansicht, dass das kleine Gebäude nie bewohnt wurde.

Wenn sich die Vergangenheit auch nicht sicher klären lässt: Wer das Häusle in der Gegenwart bewohnt, das wissen Überlingens Kinder sehr genau: „Manchmal kommen Kindergärten hierher zu Besuch, dann lassen wir eine Hexe zum Fenster hinausschauen", beschreibt der Chef der Stadtgärtnerei, Thomas Vogler. Der Bestimmungszweck des Hexenhäusles ist heute, das Auge der Besucher zu erfreuen und vor allem Kinderherzen höher schlagen zu lassen: Ist das gar das Häuschen von Hänsel und Gretel? Schließlich steht es inmitten eines Waldes!

Der Standort zwischen zahlreichen Bäumen war allerdings, so vermutet Thomas Vogler, bei der Errichtung des Häusles nicht geplant: „Der erste Stadtgärtner, Hermann Hoch, begann einige Jahre vor dem Bau, im unteren Stadtgarten Beete zu gestalten. Und hier, im oberen Stadtgarten, war Rodungsfläche." Es gebe durchaus Anzeichen, dass auch dort ein Park entstehen sollte und dass das Hexenhäusle als Zierde gedacht war. „Es gibt auch Planunterlagen, die geschlängelte Wege zeigen", erklärt Vogler. „Wir vermuten, dass der Erste Weltkrieg den Plänen einen Strich durch die Rechnung gemacht hat und die Bäume in den Jahrzehnten einfach gewachsen sind – um das Hexenhäusle herum."

Entstanden ist die Eremitage im Jahre 1905. Damals schrieb der Seebote: „Die Besucher unserer städtischen Anlagen, welch letztere gerade jetzt in voller Pracht stehen, werden überrascht sein, wenn sie die Treppe zum Pavillon in den oberen Anlagen emporsteigen. Dort ist in den letzten Tagen ein niedliches ‚Waldkirchli' erbaut worden, eine Klausnerwohnung, im norwegischen Stil aus Holz errichtet. Das kleine schmucke Gebäude mit seinem reizenden Glockentürmchen macht einen gefälligen Eindruck und hätte wohl keinen besseren Platz finden können als dort, wo es jetzt steht."

So geht's zum Klausnerhäusle:

Das Häuschen steht im oberen Stadtgarten unweit des Pavillons, erreichbar über die Eingänge zum unteren Stadtgarten in der Bahnhofstraße. Von dort aus führt ein recht steiler Weg zum Hexenhäuschen.

Mit den Jahren zerfiel das einst so liebevoll errichtete Klausnerhäusle. Aus dem Schmuckstück wurde ein Schandfleck. Das schnitt manchem Überlinger tief ins Herz und so gründete sich unter der Federführung des Architekten Thomas Pross und des Statikers Andreas Taglang 1999 eine Bürgerinitiative zur Rettung des Hexenhäusles. Zahlreiche Institutionen und Bürger spendeten, Handwerker stellten ihre Arbeitsleistung kostenlos zur Verfügung. Nach historischem Vorbild wurde das unter Denkmalschutz stehende Häusle saniert. Und da gab es einiges zu tun: Die Südseite fehlte aufgrund eines Brandes komplett und war mit Holzdielen vernagelt worden. Mehrere Dachsparren waren verfallen, der Sandsteinsockel nur noch in Bruchstücken vorhanden.

Seither steht es nun wieder in alter Pracht im Stadtgarten. Ein geheimnisvoller Ort, nicht nur für Überlinger Kinder, sondern auch für zahlreiche Gäste. Das freut Thomas Vogler: „Es ist so schön zu beobachten, wie ein solcher Ort die Menschen trotz der nüchtern gewordenen Welt immer wieder anzieht und was er für eine Faszination ausübt."

Eva-Maria Bast

40

Historiker Oswald Burger misst nach: Die Länge vom Boden bis zur Unterkante des Längenmaßes beträgt etwa 2,26 Meter.

Längenmaß am Münster

Die Breite des Mühlbachs als Richtschnur

„Dis ist des milbach viti am riet vo denen 5 mvilinan." Diese geheimnisvolle Inschrift ist auf einer viereckigen Betontafel am Überlinger Münster in einer Nische des Nordturms zu lesen. Unmittelbar daneben findet sich das sehr verwitterte Original. Auf Hochdeutsch heißt das:

So geht's zum Längenmaß am Münster:

Das Überlinger Maß ist an einer Nische am Nordturm des Münsters zu sehen.

„Dies ist des Mühlbachs Weite am Ried von den fünf Mühlen." Der Mühlbach speiste einst die fünf Mühlen im Osten der Stadt. „Der ‚milibach' genannte Kanal hatte eine einheitliche Breite von etwa 2,26 Metern und war die Grundlage für das Überlinger Längenmaß", berichtet Historiker Oswald Burger. Einheitliche Längenmaße, Hohlmaße und Gewichte gebe es erst seit der Aufklärung (18. Jahrhundert). Zuvor seien diese in jedem Kleinstaat unterschiedlich gewesen. „Das Maß war oft an Kirchen oder zentralen Profanbauten der Städte angeschlagen, damit die Händler Maß nehmen und Streit schlichten konnten", erläutert Burger.

Am Münster muss es neben der Inschrift also einst auch etwas gegeben haben, an dem sich 2,26 Meter abmessen ließen. Möglicherweise war es sogar der Abstand vom Boden bis zur unteren Kante des Maßsteines: Misst man heute nach, beträgt dieser Abstand ungefähr 2,26 Meter. Da sich das Straßenniveau mit den Jahrhunderten jedoch sehr verändert haben dürfte, handelt es sich hierbei aber vermutlich eher um einen Zufall.

Man muss genau hinschauen, um das Überlinger Maß vor dem gleichfarbigen Münstergemäuer erkennen zu können.

Warum ausgerechnet der Mühlbachkanal als Maßeinheit genommen wurde, bleibt wohl für immer ein Geheimnis. Vielleicht, weil er für die Überlinger so bedeutungsvoll war? Burger geht davon aus, dass der Bach bereits im Mittelalter durch die Stadt floss. Auf jeden Fall habe er jedoch im 16. Jahrhundert die „Fünf Mühlen" gespeist. „Damals gab es eine Frau, die im Bezirk ‚Fünf Mühlen' östlich der Stadt lebte und im späten 16. Jahrhundert als Hexe verschrien und hingerichtet wurde", erklärt Burger. Da der Bezirk „Fünf Mühlen" nach dem Bach benannt wurde,

Das Längenmaß am Überlinger Münster.

muss es diesen schon damals gegeben haben. Auf dem Merian-stich aus dem 17. Jahrhundert ist der Mühlbach dann genau zu verfolgen, auch alle fünf Mühlen sind dort zu sehen.

Anfang des 19. Jahrhunderts musste der Kanal weichen: Im Bereich der „Fünf Mühlen" wurde die Gießerei Blersch gebaut, die später in die Maschinenfabrik Auer umgewandelt wurde. Die Energie wurde nun nicht mehr durch die Wasserkraft, sondern aus Dampfmaschinen gewonnen, der Kanal war damit überflüs-sig geworden. Neben dem Grundstein am Münster erinnert nur noch ein in Vergessenheit geratener Weg an den Mühlbach. Er verläuft auf der ehemaligen Trasse des Kanals zwischen den Häusern an der Mühlbachstraße und der Nußdorfer Straße. Auch die Auersche Fabrik gibt es heute nicht mehr: Sie wurde 1968 abgebrochen und es entstand ein Hotelgebäude, in dem heute das Wohnstift Augustinum untergebracht ist. Geblieben ist nur noch der Name: Auerbuckel.

Eva-Maria Bast

41

Die Überbleibsel der Heidenhöhlen zwischen Überlingen und Sipplingen.

Heidenhöhlen

Romantik weicht dem Straßenbau

Sie galten einst als Besonderheit, als Ausflugsziel, als etwas, das man gesehen haben musste. Doch heute sind die Heidenhöhlen zwischen Überlingen und Sipplingen durch den Straßenbau weitgehend zerstört, nur einige kleine Einhöhlungen im Felsen künden noch von dem einst so großartigen und beeindruckenden Naturwunder. Und die Jahreszahl 1846 erinnert an den Straßenbau und das weitgehende Ende der Höhlen. Sie ist beim Bahnübergang am Campingplatz und ein Stück weiter Richtung Sipplingen in die massive Felswand eingehauen und schon manch einer stand rätselnd davor und überlegte, was es damit wohl auf sich hat.

Als die Heidenhöhlen noch in ihrer vollen Pracht bestanden, gab es keine durchgehende Straße zwischen Überlingen und Sipplingen. Lediglich ein Fußweg führte zwischen den Felsen und dem See entlang und dieser konnte auch nur bei Niedrigwasser begangen werden, denn drei Felspartien reichten bis an den Bodensee heran und standen bei Hochwasser im See. „Bei den Heidenhöhlen muss es sich um eine Aneinanderreihung aus verschieden großen Räumen und Vorratsräumen gehandelt haben, ein Raum wird sogar als Kapelle mit Kreuzgewölbe beschrieben", erläutert Stadtarchivar Walter Liehner.

Bilder und Kupferstiche, die sich heute im Stadtarchiv befinden, zeigen, dass die Heidenhöhlen gut besucht und über ein Leitersystem zugänglich waren.

Die genaue Entstehung der Heidenhöhlen ist unbekannt. Frühere Schreiber führen sie auf die Germanen oder auf die Römer zurück.

So geht's zu den Heidenhöhlen:

Die Heidenhöhlen befinden sich im Felsen an der Seestraße zwischen Überlingen und Sipplingen.

„Die Heidenhöhlen stammen wohl aus der vorchristlichen Zeit. Es ist durchaus möglich, dass sie schon in der Bronzezeit bewohnt waren oder als Lager- und Zufluchtsstätten dienten", bezieht sich Liehner auf einen Aufsatz des Konstanzer Autors Franz Hofmann. Der Name der Höhlen gehe vermutlich darauf zurück, „dass für den mittelalterlichen Menschen alle, die vor seinem Erfahrungshorizont lebten, keine Christen und damit logischerweise Heiden waren", erklärt Liehner.

Da sich in diesen Höhlen zu reichsstädtischer Zeit immer wieder Gesindel niedergelassen habe, habe die Stadt die Höhlen Mitte des 18. Jahrhunderts absperren lassen. Vermutlich trug dieser Umstand dazu bei, dass man sie beim Straßenbau 1846 gnadenlos wegsprengte. Die Fraktion, die für den Straßenbau stimmte, erkannte in den Heidenhöhlen keinen Nutzen, sah sie nur als etwas, das Umstände machte und das man vor Gesindel schützen musste. Eine der Höhlen, die etwas weiter zurückgesetzt liegt und daher noch zur Gänze erhalten ist, ist heute noch nach einem Räuber benannt, der einst in ihr gehaust haben soll. Es handelt sich um die so genannte Fidelis-Höhle.

Die Befürworter erachteten den Straßenbau auch deshalb als nötig, weil in Sernatingen, dem heutigen Ludwigshafen, ein neuer Hafen entstanden war, von dem aus großer Handel betrieben wurde. Mit dem Bau der neuen Straße am Ufer entlang wollte man Überlingen an diesen wichtigen Handel anschließen.

Es gab durchaus auch Gegner des Straßenbaus. Sie hatten erkannt, dass man in Überlingen auf Tourismus setzen müsse und dass es sich bei den Heidenhöhlen um ein großartiges Natur-

Die in den Molassefelsen eingehauene Jahreszahl 1846 erinnert an den Straßenbau, bei dem große Teile der Heidenhöhlen verloren gingen.

denkmal handelte. Doch diese Fraktion unterlag, der Fels wurde weggesprengt.

Während der Badischen Revolution 1848/49 wurde der Straßenbau für kurze Zeit unterbrochen, 1850 wurde die Verbindung schließlich fertiggestellt. „Beim Straßenbau hatte es sich um eine Arbeitsbeschaffungsmaßnahme gehandelt", erzählt Walter Liehner. „Schließlich waren die Zeiten sehr schlecht." Schwierig sei die Baumaßnahme nicht gewesen: „Der Molassefels war sehr weich, man brauchte fast keine Werkzeuge." Durch den Eisenbahnbau 1894/95 wurde dann auch ein kleiner Sporn zerstört, der bis zum See führte und der durch den Straßenbau bereits vom großen Felsen abgeschnitten worden war. Noch weiter zerstört wurden die Heidenhöhlen 1959, als ein weiterer Teil des Felsens abgetragen wurde, um der Verkehrssicherung Genüge zu tun. Die Meißelspuren an der Felswand sind immer noch sichtbar. Und Stadtarchivar Walter Liehner sagt sehnsüchtig: „Die Heidenhöhlen wären heute ganz sicher ein Publikumsmagnet. Keine Straße zwischen dem Felsen und dem See – das wäre ein Traum."

Eva-Maria Bast

42

Auf dem Münsterplatz oberhalb der Münsterstraße schützt ein steinernes Dach eine kniende Jesus-Statue.

Ölberg
Ein steinerner Koloss auf Reisen

Das Monument südwestlich des Überlinger Münsters ist nicht zu übersehen: Ein halboffener, achteckiger Zentralbau mit Stützen aus Stein und einem Sterngewölbe schließt sich wie eine schützende Hülle um eine monumentale Christusstatue. Der Heiland kniet auf dem Boden und betet, vor ihm erhebt sich ein Steinhaufen. Auf diesem steht der Kelch des Leidens, darüber erscheint ein stärkender Engel. Die anrührende Szene birgt ein Geheimnis: Erst im Laufe der Jahre bildete sie die Einheit, die sie heute darstellt. Denn nicht immer kniete die Statue vor dem aus Steinen aufgeschütteten Berg. „Die Jesusstatue hat vermutlich zusammen mit anderen Statuen im Inneren des Münsters gestanden", erklärt Münsterkenner Manfred Bruker. Es gebe zwei Testamente der Überlinger Witwe Elsbeth Küfferin aus den Jahren 1463 und 1469, deren letzter Wille gewesen sei, dass eine Ölbergszene für das Münster gebaut werde. Diese entstand in der nordwestlichen hinteren Ecke des Gotteshauses und zeigte einen betenden Christus, einen Engel und drei schlafende Jünger, eingerahmt von einem steinernen Zaun. Es gab sogar ein Fenster in der massiven Münstermauer, das die Abendsonne auf die Statuen fallen ließ. Seit der Christus vor den Toren des Gotteshauses betet, ist das Fenster zugemauert, in der Westmauer aber noch deutlich zu erkennen.

> **So geht's zum Ölberg:**
>
> Der Überlinger Ölberg steht auf dem Münsterplatz, oberhalb der Treppen südwestlich des Münsters.

Jesus betet an einem kleinen Abbild des Ölbergs, vor ihm steht der Kelch des Leidens.

1493 soll einer der späteren Baumeister des in mehreren Abschnitten entstandenen Münsters, Lorenz Reder aus Speyer, mit dem Bau des Monuments begonnen haben. Während die Christusfigur nach draußen umzog und noch heute zu sehen ist, sind die Statuen der schlafenden Jünger nicht mehr erhalten. Und bei dem Engel, der heute gütig auf den leidenden Gottessohn herabblickt, handelt es sich um einen Ersatz für die ursprüngliche Figur.

Eine Anekdote, die sich mit dem Überlinger Ölberg befasst, erzählt die Entstehungsgeschichte jedoch ganz anders. „Aus Trauer darüber, dass die Bischofsstadt Konstanz die Reformation angenommen hatte, soll der Ölberg ins katholische Überlingen über den Bodensee geschwommen sein. So wollte er sich retten", berichtet Manfred Bruker mit einem Schmunzeln. Er kennt aber auch die historischen Wurzeln dieser Geschichte: Baumeister Lorenz

Hinter dem vermauerten Fenster befand sich einst eine kleinere Fassung der Ölbergszene im Innern des Münsters.

Reder war 1493 noch als Steinmetz in der Konstanzer Münsterbauhütte beschäftigt und zeichnete vermutlich schon dort Pläne für den Ölberg. Diese nahm er dann, als er als Münsterbaumeister nach Überlingen berufen wurde, mit über den Bodensee. „So schwamm also der Ölberg im übertragenen Sinn ans andere Ufer", vermutet Bruker. Eine andere Legende beruht auf der Tatsache, dass während der Konstanzer Reformation der Konstanzer Bischof nach Meersburg und das Domkapitel nach Überlingen zogen. Auch im Gefolge dieses Gespanns könnte der Ölberg mit über den See gekommen sein.

Heike Thissen

149

43

1444
1952

Das alte Portal am Fischhaus Löwenzunft über der neuen Tür.

Portal der Löwenzunft

Alter Eingang an neuem Gebäude

Das westliche Eckhaus Münsterstraße/Hofstatt, in dem heute das Fischhaus Knoblauch beheimatet ist, ist ein schmuckloses Gebäude aus den 1950er Jahren. Erstaunlicherweise befindet sich an der Ostseite des Gebäudes, also zur Hofstatt hin, ein altes, wunderschönes Portal, das so gar nicht zu dem schlichten Bau passen will und augenscheinlich wesentlich älter ist. Tatsächlich schritt durch dieses Portal einst der Überlinger Adel. Denn lange bevor das Haus unmittelbar vor Ende des Zweiten Weltkriegs in die Luft flog, stand hier die „Löwenzunft", die alte Versammlungsstätte der Stadtpatrizier. Namhafte, bedeutende Persönlichkeiten wie die Vanotti, die Reichlin von Meldegg, die von Mader und die von Hahn gingen hier ein und aus.

Im 19. Jahrhundert beherbergte das Gebäude zunächst eine Gaststätte, dann die Sparkasse. Im Dritten Reich nutzten die Nationalsozialisten das Eckhaus, die Kreisleitung der NSDAP wurde hier stationiert. Keine angenehme Nachbarschaft für die jüdische Familie Levi, die nur zwei Häuser weiter in der Münsterstraße (am 20. April 1933 vorübergehend in „Hindenburgstraße" umbenannt) ein Textilgeschäft betrieb. Der als sehr konservativ geltende Wilhelm Levi versuchte sich vor den Anhängern Adolf Hitlers zu retten, indem er seine Liebe und Treue zu seiner Heimat bewies und in seinem Schaufenster seine Orden aus

> **So geht's zum Portal der Löwenzunft:**
>
> Das Überlinger Löwenportal befindet sich am Gebäude der Hofstatt 7 über dem Eingang zum Fischhaus Löwenzunft.

dem Ersten Weltkrieg auslegte. Sein Eisernes Kreuz lag dort und Erinnerungsstücke an seinen im Ersten Weltkrieg gefallenen Sohn. Doch Levis Versuche waren vergeblich: In der Reichspogromnacht vom 9. auf den 10. November 1938 schlug man ihm die Schaufenster ein. Levi verließ mit seinem Sohn, seiner Schwiegertochter und seinen beiden Enkelinnen Deutschland: Über England emigrierte die Familie nach Amerika.

Als auch die letzten Überlinger Juden ihren Grundbesitz verkauft hatten, vermerkte der nationalsozialistische Bürgermeister Albert Spreng im Dezember 1938 in der Stadtchronik: „Mit diesen Verkäufen ist der Überlinger Hausbesitz völlig frei von jüdischem Eigentum geworden." Bereits im Sommer des gleichen Jahres hatte er an den beiden Badeanstalten der Stadt, Ostbad und Westbad, Schilder mit der Aufschrift „Juden sind hier unerwünscht" anbringen lassen. Im Stadtarchiv Überlingen fand sich eine Anordnung der Kreisleitung der NSDAP an den Überlinger Bürgermeister, auf deren Rückseite dieser die Umsetzung anordnet: „Im Zuge des vom Herrn Reichs- und Preussischen Ministers des Innern ergangenen Erlasses vom 24. Juli 1937 über die Behandlung jüdischer Kurgäste in Bädern und Kurorten, bitte ich an den beiden Badeanstalten der Stadt Überlingen ein Schild mit der Aufschrift ‚Juden sind hier unerwünscht' anbringen lassen zu wollen. Als Zeitpunkt der Anbringung schlage ich die kommende Badesaison vor."

Kurz vor Kriegsende zog die französische Besatzungsmacht in das Gebäude an der Hofstatt ein. Sie ordnete an, dass alle gefährlichen Gegenstände hier abgegeben werden mussten. Dazu zählten neben Waffen auch Landkarten, Fahrräder, Radios und Ferngläser, also alles, womit man sich hätte wehren, informieren oder schnell fortbewegen können. Am 5. Mai 1945 flog das Gebäude in die Luft. „Man hat den Grund nie gefunden", sagt Historiker Oswald Burger. Maria Löhle, Gattin von Karl Löhle, dem ersten Bürgermeister nach dem Dritten Reich, habe zu ihm gesagt: „Wenn man

rausgekriegt hätte, dass Deutsche das angezündet haben, dann wäre die Stadt schlimm bestraft worden, dann hätten sich die Franzosen in übelster Weise gerächt." Um das zu vermeiden, habe man die Version in Umlauf gebracht, ein französischer Soldat habe eine Zigarette weggeschmissen und das Gebäude sei aufgrund der dort eingelagerten Sprengsätze sofort explodiert.

Nur das Portal ist übrig geblieben. Es hängt nun am Neubau und kündet von altem Reichtum, von Krieg, Judenhass und möglicherweise auch von einem Streich, den die Überlinger der französischen Besatzung spielten.

Eva-Maria Bast

44

Die Teufelstreppe zieht sich steil und schmal durch den Felsen im Stadtgarten.

Teufelstreppe

Vikare wohnen in der „Höll"

Eine teuflische Treppe und ein Gebäude namens „Zur Höll", das interessanterweise ausgerechnet der katholischen Pfarrgemeinde gehört – teilweise, berichtet Stadtgärtnereichef Thomas Vogler, hätten dort sogar Vikare gewohnt. Ja, derart diabolische Relikte aus der Vergangenheit gibt es in Überlingen. Doch bis auf die Tatsache, dass es auch um Alkohol geht und der Teufel manch einem braven Manne auf der Schulter gehockt und ihm zu viel der sündigen Tröpfchen eingeflößt haben mag, hat die Geschichte eigentlich nichts Teuflisches an sich. Sowohl die Teufelstreppe als auch das Gebäude erhielten ihren Namen nämlich durch einen Wirt namens Teufel. Und als die Kirche das Gebäude erwarb, war der Alkoholkonsum in seinen Gemäuern längst Vergangenheit, nur der Name war noch geblieben.

Bevor Wirt Anton Teufel Anfang des 20. Jahrhunderts auf den Plan trat, blieb die „teuflische Treppe", auch „Teufelstreppe" genannt, allerdings viele Jahre lang namenlos und die Überlinger fanden sie auch eher himmlisch als teuflisch, stellte sie doch lange Zeit die einzige Verbindung vom Wohngebiet „Auf dem Stein" zum unteren Stadtgarten her. Wann sie genau gebaut wurde, ist nicht bekannt. „Vermutlich

So geht's zu den Teufelsrelikten:

Die Teufelstreppe liegt am westlichen Ende des Überlinger Stadtgartens zwischen den Häusern Bahnhofstraße 20 und 22 (Apart Hotel Stadtgarten). Das ehemalige Gasthaus „Zur Höll" stand in der Münsterstraße links neben den Treppen zum Münster.

um 1870", meint Thomas Vogler, Chef der Überlinger Stadtgärtnerei. Auch ein Artikel des Südkurier-Vorläufers Seebote gibt Aufschluss darüber, dass die Treppe in der zweiten Hälfte des 19. Jahrhunderts entstanden sein muss. In einem Bericht über die Entdeckung mehrerer – inzwischen verschütteter – Höhlen schrieb das Blatt: „Noch in der Mitte des vorigen Jahrhunderts wurden diese Höhlen vielfach als Zufluchtsstätten bei Gewittern etc. von den in der Nähe auf den Feldern arbeitenden Leuten benützt... Damals existierte die sog. Teufelstreppe noch nicht, sondern es führte ein Fußweg von der Höhe bis gegen die Landstraße herab, also nicht so steil wie die jetzige Treppe." Der See-

In diesem Gebäude befand sich einst das Gasthaus zur Höll.

bote schreibt von einem „Bräumeister Kaspar Müller, welcher unter den Höhlen einen Bierkeller ausbrechen ließ und über demselben, auf dem oberen Felde, eine Sommerwirtschaft mit Kegelbahn errichtete, welche sehr besucht war." Müllers Nachfolger war dann eben jener Namensgeber der Teufelstreppe, Bräumeister Anton Teufel. Der besaß in der Überlinger Münsterstraße in dem Gebäude links der Treppen zum Ölberg eine Gastwirtschaft – und war der Ansicht, dass seine Wirtschaft „Zur Höll" heißen muss, wenn er selbst und die Treppe neben seinem Bierkeller schon den Namen „Teufel" trugen.

Die heute sichtbare – und übrigens teuflisch steile – Treppe ist aber nicht mehr die originale. In den 1970er Jahren war sie im Zuge eines Kanalbaus abgerissen und zunächst nicht wiederhergestellt worden. „Man meinte, die Teufelstreppe nicht mehr zu brauchen, weil man ja inzwischen Wege durch den Stadtgarten geschaffen hatte, die vom Stein nach unten führten. Außerdem fand man eine Wiederherstellung der Treppe zu teuer", erläutert Vogler.

Doch die Bevölkerung wollte ihre Treppe zurückhaben. „Es gab massive Forderungen", erinnert sich der Stadtgärtnereichef, der auch damals schon in Amt und Würden war. Und tatsächlich stellte die Stadt die Mittel im Haushalt bereit und eine Schülergruppe der Jörg-Zürn-Gewerbeschule half auf Initiative von Klassenlehrer Hansjörg Straub in den Jahren 1998/99 kräftig beim Bau der 104-stufigen Treppe mit. „Das wäre sonst eine sehr teure Sache geworden, weil man in der engen Schlucht nicht mit Maschinen hätte bauen können", sagt Thomas Vogler. Eröffnet wurde die Treppe im Frühjahr 1999 – und bekam gleich eine neue Rechtfertigung für ihren Namen. Denn es war ausgerechnet der damalige baden-württembergische Ministerpräsident Erwin Teufel, der sie eröffnete.

Eva-Maria Bast

157

45

Das Hochbild in der St.-Ulrich-Straße.

Hochbild

Trost für Kranke und Straftäter

Einst spendete es Sondersiechen und Delinquenten Trost, heute steht es inmitten einer großen Wiese gegenüber dem Alten- und Pflegeheim St. Ulrich: Das Überlinger Hochbild zeigt auf der einen Seite die Kreuzigungsszene, auf der anderen Seite sind Maria und das Jesuskind mit einer Kugel abgebildet. Das als eines der bedeutendsten sakralen Kunstwerke Überlingens geltende Kreuz hat eine lange Geschichte und gibt Rätsel auf: Warum steht das Hochbild in der St.-Ulrich- und nicht in der Hochbildstraße? Verlief die Straßenführung der Hochbildstraße früher etwa anders und durch die heutige St.-Ulrich-Straße? Mitnichten! Das Kreuz stand einst tatsächlich an der Hochbildstraße – dort, wo sich heute der Kreisverkehr befindet. 1964 entschied man sich, das Original ins Museum zu bringen und eine Kopie für die Hochbildkreuzung anzufertigen. Das rettete dem Hochbild die Existenz, denn zwei Jahre später, 1966, fuhr ein Langholzfahrzeug das – nun kopierte – Kreuz um und zerstörte es gänzlich. „Nach diesem Ereignis herrschte im Gemeinderat Einigkeit darüber, dass eine neue Kopie von dem Kreuz angefertigt werden sollte", erzählt Stadtarchivar Walter Liehner. Ob man diese wieder an der gleichen Stelle, auf der stark frequentierten Kreuzung, aufstellen solle, darüber war man sich im Gremium allerdings ganz und gar nicht einig. Eine große Fraktion war dafür, da das Kreuz nur an dieser Stelle originär war. Doch die Gruppe derer, die es an einem sichereren Ort wis-

> **So geht's zum Hochbild:**
>
> Das Überlinger Hochbildkreuz ist gegenüber dem Alten- und Pflegeheim St. Ulrich (St.-Ulrich-Straße 20) zu sehen.

Ansicht von Osten: Maria
mit dem Jesusknaben.

sen wollten, überwog. Nach längerer Standortsuche entschied
man sich 1972, es gegenüber dem Altenheim, in dem einst das
Städtische Krankenhaus untergebracht war, aufzustellen. Denn
mit dem Ziel, den Kranken Trost zu schenken, wurde das Hochbild
im Jahre 1330 von Konrad Mistführer, Pfleger der Sondersiechen
in St. Katharinen auf dem Berg, gestiftet. Als Sondersiechen galten die Leprakranken und andere Menschen mit ansteckenden
Krankheiten. Innerhalb der Stadtmauern wollte man sie nicht
haben, also wurden sie auf dem Areal des heutigen Werkhofs
gegenüber dem Überlinger Gymnasium zusammengeführt und im
Spital St. Katharinen behandelt, zu dem auch die St.-Katharinen-
Kapelle gehörte. Vom Katharinen-Spital bis zum Hochbild durften
sich die Sondersiechen, auch „die guten Kinder auf dem Berge"
genannt, frei bewegen – weiter nicht.

Und das Hochbild hatte noch eine weitere Aufgabe: Es markierte die Stadtgrenze. Wenn hochgestellte Persönlichkeiten von Pfullendorf aus auf „des Reiches Straße" nach Überlingen kamen, empfing man sie am Hochbild und geleitete sie von dort aus in die Stadt.

Ansicht von Westen: Der Gekreuzigte.

Auch wurde am Hochbild für Delinquenten zum letzten Mal gebetet, markierte es doch die Grenze der Gerichtsbarkeit der Freien Reichsstadt. Hier wurden Übeltäter ausgeliefert, über die die Grafen zu Heiligenberg ein Urteil zu fällen hatten.

Während des Dreißigjährigen Krieges wurde das Krankenhaus der Sondersiechen 1632 von den Überlingern selbst zerstört. „Man wollte dem Feind keine Möglichkeit zum Unterschlupf geben", erklärt Liehner. Was in dieser Zeit mit den Siechen geschah, sei unklar. „Kriegswirren", sagt der Stadtarchivar nur.

1655/56 wurde die Krankenstation dann wieder aufgebaut, diesmal allerdings ohne Kapelle und wesentlich kleiner. „Eine solche Isolierstation war nach wie vor wichtig für die Stadt", erklärt Liehner. „Man lebte ja extrem dicht aufeinander." Auch Menschen mit geistiger Behinderung habe man gerne im Siechenhaus untergebracht.

Eva-Maria Bast

161

46

Die Gleise, denen die Kapelle Ende des 19. Jahrhunderts fast hätte weichen müssen, verlaufen heute an ihr vorbei. Wolfgang Woerner kennt die spannende Geschichte des Kirchleins.

Goldbacher Kapelle

Mit Mistgabeln für ein Gotteshaus

Mit den Goldbachern ist nicht gut Kirschen essen, wenn ihnen etwas gegen den Strich geht. Das mussten Ende des 19. Jahrhunderts die Erbauer der Bodenseegürtelbahn feststellen, als sie die Schienen am Seeufer verlegen und dafür die Kapelle abreißen wollten. Denn damals sollte nicht nur die Strecke zwischen Überlingen und Stahringen ausgebaut, sondern auch die Sylvester-Kapelle in Goldbach abgerissen werden. Seither trägt das Kirchlein zwei Geheimnisse in sich: Warum es noch steht, ist das eine. Was es in sich birgt, das andere.

Der zur Zeit des Bahnbaus zuständige Kunsthistoriker Franz Xaver Kraus hatte die Goldbacher Kapelle als wenig bedeutsames gotisches Kirchlein abgetan – und zum Abriss freigegeben, was damals durchaus dem Zeitgeist der katholischen Kirche entsprach. „Das haben sich die Goldbacher nicht bieten lassen", erzählt der pensionierte Stadtbaumeister Wolfgang Woerner, selbst gebürtiger Goldbacher und Betreuer des Kirchleins zwischen dem Überlinger See und der Durchfahrtsstraße. „Ich kann mir nicht vorstellen, dass Herr Kraus die Kapelle wirklich betreten hatte, bevor er sein Urteil fällte", sagt er kopfschüttelnd. Der Experte, meint Woerner, hätte sonst feststel-

---

So geht's zur Goldbacher Kapelle:

Die Kapelle steht an der Durchfahrtsstraße durch Goldbach, der L195c, zwischen Bodensee und Eisenbahnschienen und ist Montag, Mittwoch und Samstag von 11 Uhr bis 17 Uhr geöffnet.

---

len müssen, welches Kleinod dort den Eisenbahnschienen weichen sollte. Da von offizieller Seite keine Hilfe zu erwarten war, nahmen sich die Goldbacher selbst des Schicksals ihres geliebten Kirchleins an, griffen zu Mistgabeln und Dreschflegeln, zogen nach Überlingen und machten dort dem Bürgermeister deutlich, was sie von der Idee hielten. So jedenfalls erzählen es sich die Bewohner des Überlinger Stadtteils noch heute. Zwar wurde die Bodenseegürtelbahn 1895 in Betrieb genommen, weichen musste die Kapelle jedoch nicht: Man verlegte die Schienen kurzerhand an ihr vorbei.

Was die engagierten Bürger mit ihrem Einsatz tatsächlich gerettet hatten, wurde wenige Jahre später bekannt: 1899 entdeckte man wertvolle Malereien im Chorraum, 1904 fanden sich im Hauptschiff weitere kunsthistorische Schätze. Eine dicke Schicht Putz hatte sie über Jahrzehnte vor den Augen der Gläubigen verborgen. „Die Malereien stammen aus dem 9. oder 10. Jahrhundert nach Christus", erläutert Woerner. Dazu gehört ein Widmungstext an der rechten Wand, den der Reichenauer Abt Walahfrid Strabo für den Erstbau der Kapelle verfasst hat. Gestiftet hatte ihn der alemannische Graf Alpger, der wohl aus dem Umkreis von Goldbach stammte. Anhand der Lebensdaten der beiden lässt sich die Entstehung der Kapelle auf die Jahre zwischen 825 und 850 eingrenzen. Konkrete Hinweise auf die Bauzeit gibt es nicht. „Das liegt vermutlich mit daran, dass beim großen Stadtbrand in Überlingen im Jahr 1279 genau diese wertvollen Schriftbestände verloren gegangen sind, die sich mit der Zeit vor dem Jahr 1000 beschäftigten", erklärt Woerner. Gesichert ist durch das Widmungsgedicht Walahfrids jedoch, dass es Reichenauer Mönche waren, die das kleine Gotteshaus bauten und anschließend mit Malereien zur Heilsgeschichte Jesu Christi schmückten. Die Kapelle sollte ihnen bei der Christianisierung der alemannischen Stämme auf der anderen Seeseite als Stützpunkt dienen. „Das war bestimmt nicht einfach, schließlich sind die Alemannen sehr in ihren Traditionen verhaftet – auch heute noch", schmunzelt der Goldbacher. Warum die Mönche sich ausgerechnet die Gegend um Goldbach für ihre Kirche aussuchten, wo doch Überlingen bereits 770 erstmals als Herzogsitz erwähnt wurde, bleibt ungeklärt. Woerner vermutet, dass es sich bei dem Standort schon damals um einen besonderen Fleck Erde gehandelt habe: „Diese eiszeitliche Landzunge, auf der die Kirche steht, war vor dem Straßenbau von Felsspornen umfasst und somit von der Außenwelt abgeschnitten. Man konnte nur über den Bergrücken oder über den See hierher gelangen. Das muss ein sehr romantischer Platz gewesen sein." Möglicherweise befand sich hier sogar eine vorchristliche Kultstätte: Vor etlichen Jahren war Woerner einmal mit einem Rutengänger in der Kirche unterwegs. „Man kann davon halten, was man will, aber als er mit der Rute zum Altar ging, schlug sie wie wild aus. Da muss also ein enormes Kraftfeld herrschen", sagt er ehrfürchtig. Ein drittes Geheimnis also.

Heike Thissen

Die Stolpersteine für Hermann und Barbara Levinger.

Stolpersteine
Häftlingsnummer „111522 Homosexuell"

Glänzende, viereckige Messingsteine ziehen, besonders wenn sie von der Sonne erleuchtet werden, vor dem Bauamt und vor dem Alten- und Pflegeheim St. Ulrich die Blicke auf sich. Es handelt sich um so genannte „Stolpersteine", die an die Opfer des Holocaust erinnern sollen. Die Steine vor dem Bauamt sind Hermann Levinger, einst Landrat von Überlingen, und seiner Tochter Barbara gewidmet; der Stein vor dem Alten- und Pflegeheim St. Ulrich setzt dem homosexuellen Franz Klauser ein Denkmal. Bei den Stolpersteinen handelt es sich um ein nationales Projekt des Berliner Künstlers Gunter Demnig, der durch die Steine die Erinnerung an die Vertreibung und Vernichtung der Opfer des deutschen Nationalsozialismus an den Stellen wachzuhalten versucht, wo sie lebten. Die Stolpersteine sind jeweils zehn mal zehn Zentimeter groß. Auf den Messingtafeln an den Oberflächen ist eingehauen: „Hier wohnte", dahinter der Name des Opfers, sein Geburtstag und sein Todestag.

Hermann Levinger war zwar jüdischer Herkunft, konvertierte aber bereits in jungen Jahren zum evangelischen Glauben. Er studierte Jura und war von 1898 bis 1904 beim Bezirksamt Überlingen beschäftigt, dessen Amtsvorstand er später wurde. Ab 1917 war er Geheimer Regierungsrat und ab 1924 Landrat. 1930 ging Hermann Levinger in Pension. Seine Tochter Barbara wurde im Dezember 1904 geboren. Ihre Mutter, die verwitwete Maria Karolina von Bünau, hatte Levinger zwei Jahre zuvor geheiratet. Nach Levingers Pensionierung zog die Familie nach Wiesbaden um, wo Maria Levinger im geschichtsträchtigen Jahr 1933 verstarb. Mit ihrem Tod brach das Unglück über Gatten und Tochter herein. Nicht nur, dass sie den Verlust des geliebten Menschen verkraften mussten – sie mussten auch zahlreiche Demütigungen gegen Juden ertragen.

Im Februar 1945 sollten Barbara und Hermann Levinger ins Konzentrationslager gebracht werden. Doch sie wussten ihre Deportation zu verhindern – auf die denkbar tragischste Weise: Am 8. Dezember 1944 starb Hermann Levinger durch Selbstmord, zwei Tage später folgte ihm seine Tochter Barbara freiwillig in den Tod. Wie Maria sind auch Hermann und Barbara Levinger in Überlingen bestattet (siehe Geheimnis 30).

Vor dem heutigen Bauamt liegen die Stolpersteine für die Familie Levinger, weil es sich bei dem Gebäude ehemals um das Landratsamt handelte und die Levingers zudem im Obergeschoss lebten.

Die Geschichte des Franz Klauser ist nicht weniger tragisch. Sein Stolperstein liegt vor dem Alten- und Pflegeheim St. Ulrich. Hier befand sich früher das spitälische Krankenhaus, Klauser lebte und arbeitete dort seit 1937 als Hausdiener. Seine Homosexualität brachte den strenggläubigen Katholiken Franz Klauser in schwere moralische Konflikte. Am 8. Januar 1942 wurde er nach dem Besuch eines Gottesdienstes verhaftet. Der Vorwurf lautete „widernatürliche Unzucht mit einem anderen Mann".

Ein „Vergehen", das nach dem damals und bis 1994 geltenden Paragraphen 175 des Strafgesetzbuches mit Gefängnis bestraft wurde. Das Landgericht Konstanz verurteilte Klauser am 20. März 1942 zu einer Gefängnisstrafe von zwei Jahren und drei Monaten. Doch Klauser wurde danach keineswegs wieder freigelassen, sondern am 31. Mai 1944 ins Konzentrationslager Natzweiler im Elsass gebracht. Später, als das Lager wegen der von Westen heranrückenden Alliierten aufgelöst wurde, wurde er mit 250 anderen Häftlingen am 25. September 1944 in das KZ

Der Stolperstein für Franz Klauser.

Dachau gebracht. Seine Häftlingsnummer: „111522 Homosexuell". Einen Monat später kam Klauser ins KZ Neuengamme bei Hamburg, wenige Tage danach wurde er, am 1. oder 2. November 1944, ins Außenlager Ladelund gebracht. Nur vier bis fünf Tage später, am 6. November 1944, starb der 37-Jährige. Als Todesursache gab SS-Oberscharführer Friedrich Otto Dörge „Pneumonie", also Lungenentzündung, an.

Im Stadtarchiv Überlingen ist die Meldekarte des Franz Klauser aufbewahrt. Neben Angaben zu den Eltern, dem Geburtstag, dem Wohnort und dem bisherigen Wohnort steht auf der Rückseite: „Abmeldung 1942 ins Gefängnis. Vermerke: weg. widernat. Unzucht am 19.3.42 zu 2 Jh. 3 Mon. Gefängn. u. 3 Jhr. Ehrverlust verurteilt". Und die „Bodensee-Rundschau. Nationalsozialistisches Kampfblatt für das deutsche Bodenseegebiet" schrieb am 12. Januar 1942: „Im Zusammenhang mit der polizeilichen Aufklärung eines fingierten Diebstahls stellte man fest, dass der Krankenwärter Fr. Kl., der sich hier in Stellung befand, sich in unsittlicher Weise mit einem Polen eingelassen hatte. Der 33jährige Kl. wurde von der Gendarmerie verhaftet." Am 2. März 1942 hieß es in derselben Zeitung: „Wegen widernatürlicher Unzucht wurde der in Ueberlingen wohnende Franz Klauser zu 2 Jahren und drei Monaten Gefängnis verurteilt."

So geht's zu den Stolpersteinen:

Die Überlinger Stolpersteine befinden sich in der Bahnhofstraße 4 vor dem Bauamt und in der St.-Ulrich-Straße 20 vor dem Alten- und Pflegeheim St. Ulrich.

Eva-Maria Bast

48

Stadtgärtnereichef Thomas Vogler berührt
voller Ehrfurcht den uralten Stein.

Kissenlavastein

Uralter Zeuge der Erdgeschichte

Er sieht buchstäblich so aus, als wäre er vom Himmel gefallen: der riesige, graugrüne Felsbrocken, der gegenüber den Überlinger Tennisplätzen in Altbirnau und südlich des Altenheims Haus Rengold am Waldrand auf einer Wiese liegt. Statt aus hohen Höhen kommt der Kissenlavastein jedoch aus tiefsten Tiefen. Gefunden wurde er 1993 im Zuge eines Erdaushubs im La-Piazza-Areal. Sein Erden-Dasein begann aber vermutlich vor rund 150 Millionen Jahren durch vulkanische Kräfte am Ozeanboden des damaligen Mittelmeers in einer Wassertiefe von etwa 2000 Metern. „Und als vor rund 50 Millionen Jahren die afrikanische und die eurasische Platte zusammendrifteten, kam es zur Auffaltung der Alpen", beschreibt der Chef der Stadtgärtnerei, Thomas Vogler. Durch diese Naturkräfte sei der Stein vom Meeresboden bis in das Gebiet westlich des Julierpasses in die heutige Schweiz gelangt. Als sich später von den Alpen mächtige Gletscher in das Alpenvorland schoben und die heutige Bodenseelandschaft ausformten, seien riesige Gesteinsmassen ins Tal gewandert und abgeschliffen worden. Dabei sei dann auch dieser etwa zwölf Tonnen schwere Kissenlava-Findling über rund 150 Kilometer bis nach Überlingen verfrachtet worden. Wo er, nach dem Abschmelzen der Eismassen vor etwa 10.000 bis 15.000 Jahren, liegen blieb.

> **So geht's zum Kissenlavastein:**
>
> Der Stein liegt am Waldrand bei Altbirnau an der Verbindungsstraße zwischen Nußdorf und Rengoldshausen, gegenüber der Einfahrt zu den Tennisplätzen.

Woher Vogler das alles weiß? Nun, wenn man die Sprache der Steine versteht, dann können sie einem durchaus ihre Geschichte erzählen. Als Stadtgärtnereichef versteht er zwar eher die Sprache der Pflanzen als die Sprache der Steine. Aber als Leiter des Grünflächenamts war er mit der Standortfrage des Findlings betraut – und kam dadurch in Kontakt mit dem inzwischen verstorbenen Überlinger Geologen Heinrich Haus, der die Sprache der Steine sehr wohl verstand. „Geologen können die Geschichte der Gesteine zum Beispiel anhand von Ablagerungen ablesen", sagt Vogler. Dank der Initiative des Geologen Haus wurde der Stein übrigens 1994 durch das Landratsamt Bodenseekreis als Naturdenkmal unter Schutz gestellt. „Der Findling ist rund zwei Meter lang... er ist gerundet mit deutlichen Spuren von Gletscherschliff sowie Kritzen. Im Wesentlichen besteht er aus grünlichem, basaltartigem Gestein, das von dunkleren, glasartigen Strukturen gefeldert ist", schreibt die Bezirksstelle für Naturschutz und Landschaftspflege Tübingen in ihrer „Würdigung des Naturdenkmals". Und in der zusammenfassenden Bewertung des Steines heißt es: „Der Überlinger Kissenlava-Findling stellt ein einzigartiges Anschauungsstück für die Kräfte bei der Entwicklung der Erde dar. Er ist nicht nur von wissenschaftlichem Interesse, sondern seine anschaulichen Strukturen erlauben es auch interessierten Laien, die Entwicklung der Erdoberfläche nachzuvollziehen."

Schutzzweck sei, den Überlinger Kissenlava-Findling zu erhalten und ihn so zugänglich zu machen, dass damit der Öffentlichkeit das Verständnis für die Entwicklung der Erdoberfläche vermittelt werden kann. Was mit der Positionierung des Steines bei Altbirnau unweit des Fundortes ja auch geschehen ist.

Eva-Maria Bast

172

Der kleine Engel vom Ostbahnhof.

Engel vom Ostbahnhof
Wenn Fantasie Glauben geschenkt wird

„Se non è vero, è ben trovato", steht über einer Geschichte, die der Überlinger Historiker Oswald Burger im Jahre 2004 im Bodensee-Jahrbuch „Leben am See" veröffentlicht hat. Zu Deutsch bedeutet dieser Satz: „Auch wenn es nicht wahr ist, ist es doch gut erfunden."

Trotz dieses Satzes haben viele Überlinger nie daran gezweifelt, dass es sich bei der von Oswald Burger verfassten Geschichte über den kleinen Engel vom Überlinger Ostbahnhof um eine wahre handelt. Entweder weil sie kein Italienisch können oder weil die 2004 erfundene Geschichte immer und immer weitererzählt wurde, so lange, bis ihr Ursprung in Vergessenheit geriet und sie als Tatsache überliefert wurde.

Die Steinskulptur sitzt in der zweitobersten Nische am Treppenweg zwischen Mühlenstraße und St.-Ulrich-Straße.

Dabei ist kein Wort der zweifellos sehr hübschen Geschichte wahr. Oswald Burger hat sie, wie er selbst sagt, vom ersten bis zum letzten Satz erfunden. Nur das Relikt, um das sich die Geschichte spinnt, gibt es tatsächlich: das Steinrelief des kleinen Engels vom Ostbahnhof, der mitten im zweitobersten Bogen des Stufenweges zwischen dem Ostbahnhof und der St.-Ulrich-Straße sitzt. Wie und wann das Relief dort hingelangte, ist unbekannt. Man vermutet aber, dass der kleine Engel Ende des 19. oder Anfang des 20. Jahrhunderts im Zusammenhang mit dem Eisenbahntunnelbau von einem italienischen Gastarbeiter geschaffen wurde.

In Oswald Burgers Geschichte hieß dieser junge Gastarbeiter Carlo Grassi. Er fertigte den Engel, als er die frohe Botschaft von der Geburt seiner ersten Tochter im fernen Italien erhielt. Grassi, schreibt Burger, sei außer sich vor Freude gewesen und entschlossen, diesem aufregenden Ereignis ein Denkmal zu setzen. Im Geist habe Grassi seine neugeborene Tochter als Engelchen gesehen, ähnlich den beiden Engeln im Gemälde der sixtinischen Madonna des italienischen Malers Raffael.

Am Mantelhafen, so heißt es in Burgers Geschichte, sammelte Grassi auf dem Heimweg von einem Kneipenbesuch, bei dem er die Geburt gefeiert hatte, einen handlichen gelben Sandstein auf und nahm ihn mit in die Baracke, die in der Nähe der „Fünf Mühlen" östlich der Stadt für die Bahnbauarbeiter errichtet worden war. „Von da an hörten die Kameraden Carlo viele Abende lang klopfen", schreibt Burger. Und als am Mittag des Heiligen Abends Ingenieur Adolf Seubert persönlich vorbeikam, um seine Arbeiter nach ihrem Befinden zu befragen und ihnen ein frohes Fest zu wünschen, erzählte Carlo Grassi von der Geburt seiner Tochter und dem Denkmal, das er ihr geschaffen hatte. Seubert habe das Kunstwerk persönlich sehen wollen, schreibt Burger. Grassi

So geht's zum Engel vom Ostbahnhof:

Der kleine Engel ist im zweitobersten Bogen des Treppenweges zwischen der Überlinger Mühlenstraße und der St.-Ulrich-Straße zu sehen. Der Zugang über die Mühlenstraße befindet sich beim alten Ostbahnhof und dem Haus Mühlenstraße 33, der Zugang über die St.-Ulrich-Straße liegt schräg gegenüber der Einfahrt zur Helltorstraße. Auch vom westlichen Ende des Seubertweges gelangt man zu diesem Treppenweg.

tat wie ihm geheißen und holte den kleinen Steinengel rasch herbei.

Seubert, der Kunstkenner, habe sofort gemerkt, dass es sich bei dem Engel nur um einen sehr weit entfernten Verwandten der beiden Putti auf Raffaels Gemälde der sixtinischen Madonna handelte. Dennoch habe er den Anlass, die Idee und das Werk so großartig und passend gefunden, dass er Carlo vorschlug, den Engel in den fast fertigen zweitoberen Bogen des Treppenwegs vom Bahnhof zur St.-Ulrich-Straße zu setzen – zwischen die anderen Steine, wie zufällig hineingeraten. Burger lässt Seubert sagen: „Weil heute der Heilige Abend ist, bauen wir nur noch deinen Stein ein, und dann ist Feierabend."

Eva-Maria Bast

50

Vor diesem Haus
spielte sich die tragi-
sche Szene einer Lie-
besgeschichte ab.

Romeo und Julia
Heimliche Liebe endet tödlich

Überlingen ist eine romantische Stadt. Und da passieren auch romantische Geschichten. Tragische romantische Geschichten, wie sie der englische Dramatiker William Shakespeare einst in Verona im fernen Italien spielen ließ. Auch in Überlingen gab es einmal einen Romeo und eine Giulietta, auch, wenn die Liebenden nicht, wie bei Shakespeare, Sprösslinge verfeindeter Sippen waren und klassische deutsche, statt italienischer Namen trugen: Lies Bauer und Karl Eberhardt. Beide fanden im Frühjahr des Jahres 1929 den Tod.

Die 17-jährige Überlingerin Lies Bauer, Tochter des pensionierten Villinger Landrats Adolf Bauer, lernte den 24-jährigen Freiburger Gastmusiker Karl Eberhardt, verheiratet und Vater dreier Kinder, im Sommer 1928 kennen und verliebte sich in ihn. Nur kurz war den beiden Glück beschieden, denn im Februar 1929 starb Karl vor dem Haus seiner Geliebten durch Ersticken. Lies Bauer wurde Augenzeugin seines qualvollen Todes.

Der Seebote, Vorläufer des Südkuriers, berichtete am 28. Februar 1929 über den Tod des Musikers: „Der Tod ist nach dem Befund der Sektion auf Erstickung zurückzuführen. Es scheint sich um einen Unglücksfall zu handeln, denn nach dem Ergebnis der Feststellungen liegt weder Selbstmord noch ein Verschulden Dritter vor."

> **So geht's zu Romeo und Julia:**
>
> Die Geschichte der Überlinger Julia ereignete sich im Gebäude an der Ecke St.-Ulrich-Straße (Auerbuckel)/Mühlbachstraße.

Ein ehemaliger Klassenkamerad von Lies vermutete anschließend, dass Karl wohl die Nacht bei Lies verbracht und der Vater das Liebespaar überrascht hatte. Die Jugendlichen besuchten die Unterprima der Großherzoglichen Realschule in Überlingen. Der Klassenkamerad gehörte zu den Ersten, die in Überlingen Abitur machten. Lies Bauer aber sollte nie die allgemeine Hochschulreife erlangen. Sie war bereits verstorben, als ihre Altersgenossen ihr Abitur schrieben. Denn der Tod ihres Geliebten brach Lies das Herz. Am 3. März 1929 erschoss sie sich mit dem Revolver, den ihr Vater stets in seinem Schreibtisch aufbewahrte. „Ein junges, blühendes Leben, hoffnungsreich und viel versprechend, hat sich vollendet", schrieb der Seebote am 4. März 1929. Und: „Verzweiflung und Seelennot, aus denen das junge Menschenkind glaubte, keinen Ausweg finden zu können, mögen die inneren Beweggründe zu diesem unfassbaren Entschluss geworden sein."

Das Ableben von Lies Bauer und Karl Eberhardt wurde in einer Tabelle über gewaltsame Todesfälle der Staatsanwaltschaft Konstanz eingetragen. Zum Fall Karl Eberhardt steht dort geschrieben: „Eberhardt Karl Theodor... Unglücksfall oder Selbstmord: Unglücksfall, Nähere Umstände bezw. Art der Verübung: E. blieb beim Übersteigen eines Gartenzauns (nachts in angetrunkenem Zustande) am Geländer mit dem Gürtel seines Mantels hängen und ist dabei erstickt..."

Über den Tod von Lies Bauer wurde eingetragen: „Bauer Lies... Unglückfall oder Selbstmord: Selbstmord (Seelische Verwirrung infolge des tötl. Unglücksfalls ihres angebl. Liebhabers), Nähere Umstände bezw. Art der Verübung: die B. hat sich mit der Pistole ihres Vaters durch einen Kopfschuss getötet."

Eva-Maria Bast

Danksagung

Geheimnisse sind ständig einer Gefahr ausgeliefert. Der Gefahr, vergessen zu werden. Ohne Menschen, die ihr Wissen zum rechten Zeitpunkt weitergeben, würden enorme Schätze für immer verloren gehen. Wir danken all jenen, die ihr Wissen mit uns geteilt und sich viel Zeit genommen haben, um uns auf unserer Spurensuche zu begleiten. Ein besonderer Dank gilt dem Überlinger Historiker Oswald Burger. Ein Gespräch zwischen Eva-Maria Bast und Oswald Burger, in dem er die im Überlinger Buch niedergeschriebene Geschichte vom kleinen Ulrich erzählte, war die Geburtsstunde der Buchserie „Geheimnisse der Heimat". Wir danken auch unseren Kollegen beim Südkurier, die uns bei unserem Projekt mit Rat und Tat kräftig unterstützt haben, hier vor allem Chefredakteur Stefan Lutz, der sich von unserer Idee gleich hellauf begeistert zeigte. Ein riesiges Dankeschön geht an unsere Familien und Freunde für die großartige Unterstützung. Fürs Rückenfreihalten, Korrekturlesen und für die juristische Beratung. Und unseren Kindern danken wir für die Geduld, die sie aufbrachten, wenn wir sie bei der Geheimnissuche auch mal stundenlang durch die Städte geschleppt haben.

Eva-Maria Bast und Heike Thissen im Oktober 2011

Literatur und Quellen

Geheimnis Nummer 1

Foto Lauterwasser.

Geheimnis Nummer 3

Südkurier 1.6.1999.

Geheimnis Nummer 5

Rammacher, Wolfgang: 1816 – Das Jahr ohne Sommer. URL: www.winterplanet.de/Sommer1816/Jos-Teil1.html. Stand: 14. September 2011.

Geheimnis Nummer 6

Burger, Oswald: Geschichte der Juden in Überlingen, in: Die Schelle Nr. 7, September 1980, S. 6-8 und in: Die Schelle Nr. 9, November 1980, S. 13.

Burger, Oswald: Juden in Überlingen, in: Arbeitsgruppe Regionalgeschichte: Nationalsozialismus in Überlingen und Umgebung, Friedrichshafen 1984.

Burmeister, Karl-Heinz: medinat bodase, Band 1. Zur Geschichte der Juden am Bodensee 1200-1349. Konstanz 1994.

Geheimnis Nummer 7

Rommel, Gustav: Goldbach – Ein Beitrag zur Orts- und Kulturgeschichte der ehemaligen Reichstadt Überlingen, Überlingen 1949, S. 54.

Geheimnis Nummer 8

Städtisches Museum Überlingen.

Geheimnis Nummer 9

Burger, Oswald: Prostitution und Doppelmoral. Das Überlinger Frauenhaus, in: Leben am See, Band 20, Tettnang 2003, S. 51-68.

Greeven, Erich August: Das Haus im süßen Winkel, Berlin 1917

Obser, Karl: Zur Geschichte des Frauenhauses in Überlingen, in: Zeitschrift für die Geschichte des Oberrheins, Heidelberg 1916, S. 631-645.

Geheimnis Nummer 10

Bruker, Manfred: Das Überlinger Münster und seine Traditionen, Lindenberg 2010, S. 113.

Geheimnis Nummer 11

Stadtarchiv Überlingen.

Geheimnis Nummer 12

Pütz, Manfred: Aus der Geschichte der Stadt Überlingen, Überlingen, o.J.

Semler, Alfons: Überlingen. Bilder aus der Geschichte einer kleinen Reichsstadt. Singen 1949.

Geheimnis Nummer 14

Stadtarchiv Überlingen.

Geheimnis Nummer 16

Ullersberger, F.X. : Der Riesentopf (Gletschermühle) an den Gestaden des Bodensees in der Nähe der Stadt Ueberlingen, Überlingen o.J.

Geheimnis Nummer 18

Stadtarchiv Überlingen.

Geheimnis Nummer 21

Bruker, Manfred: a.a.O., S. 108/109.

Geheimnis Nummer 22

Burger, Oswald: Juden in Überlingen, in: Arbeitsgruppe Regionalgeschichte: Nationalsozialismus in Überlingen und Umgebung, Friedrichshafen 1984.

Geheimnis Nummer 23

Stadtarchiv Überlingen.

Geheimnis Nummer 24

Denkmalliste der Stadt Überlingen.

Geheimnis Nummer 25

Liste der Kulturdenkmale Baden-Württemberg, Adressliste der unbeweglichen Bau- und Kunstdenkmale sowie deren unbeweglichen Bodendenkmale (Archäologie des Mittelalters); Regierungsbezirk: Tübingen; Landkreis: Bodenseekreis; Gemeinde: Stadt Überlingen; erstellt: 30.09.1986, 31.03.1987 (Stadtteil Überlingen) Stand: 13.04.2011.

Geheimnis Nummer 26

Burger, Oswald, in: Industriekultur am Bodensee. Ein Führer zu Bauten des 19. und 20. Jahrhunderts. Badisches Bodenseegebiet, Konstanz 1992, S.162.

Groh, Carsten: Adolf Seubert. Bauingenieur und extravaganter Bahnpionier, in: Klein, hochmodern, aber hiesig! Überlinger Gewerbe im Wandel, Uhldingen 1989, S.147.

Geheimnis Nummer 27

Liehner, Walter: Vom Mineralbad zur Bodensee-Therme. Zur Geschichte des Überlinger Bades, in: Leben am See. Jahrbuch des Bodensee-Kreises, Band 22, Tettnang 2005, S. 26-34.

Schneider, Alois: Überlingen. Archäologischer Stadtkataster Baden-Württemberg Band 34, Stuttgart o.J., S. 203.

Geheimnis Nummer 28

Stadtarchiv Überlingen.

Geheimnis Nummer 29

Bodensee-Rundschau, Nationalsozialistisches Kampfblatt für das deutsche Bodenseegebiet, Überlingen, 12.1. und 2.3. 1942.

Burger, Oswald: „Müssen unser Leid doch tragen..." Zum Schicksal der Überlinger Familie Levinger, in: Leben am See, Band 24, Tettnang 1997, S. 148-163.

Burger, Oswald; Straub, H.: Die Levingers – Eine Familie in Überlingen, Eggingen 2002.

Stadtarchiv Überlingen.

Geheimnis Nummer 30

Stadtarchiv Überlingen.

Geheimnis Nummer 32

Liste der Kulturdenkmale Baden-Württemberg, a.a.O.

Geheimnis Nummer 33

Stadtarchiv Überlingen.

Geheimnis Nummer 35

Burger, Oswald: Die Klassiker im Gallerturm. Schätze des Cotta-Archivs fanden Asyl in Überlingen, in: Leben am See, Band 22, Tettnang 2005, S. 134 -149.

Geheimnis Nummer 36

Frei, Alfred Georg; Hochstuhl, K.: Wegbereiter der Demokratie. Die badische Revolution 1848/49. Der Traum von der Freiheit, Karlsruhe 1997.

Semler, Alfons: Überlingen. Bilder aus der Geschichte der kleinen Reichsstadt, Singen 1949.

Zang, Gert: Konstanz in der Großherzoglichen Zeit. Restauration, Revolution, Liberale Ära 1806 bis 1870, Konstanz 1994.

Geheimnis Nummer 37

Semler, Alfons: a.a.O., S. 144.

Geheimnis Nummer 38

Groh, Carsten: Constantin Vanotti. Spitalverwalter und „italienischer Überlinger", in: Klein, hochmodern, aber hiesig! Überlinger Gewerbe im Wandel, Uhldingen 1989, S.147 und 149.

Geheimnis Nummer 39

Seebote, 11.12.1905.

Geheimnis Nummer 41

Hofmann, Franz: Die Heidenhöhlen bei Goldbach - Über eines der spektakulärsten Reiseziele am Bodensee und seine unwiederbringliche Zerstörung, in: Hegau. Zeitschrift für Geschichte, Volkskunde und Naturgeschichte des Gebietes zwischen Rhein, Donau und Bodensee. Themenband „Natur- und Kulturlandschaft Hegau", Jahrbuch 65 / 2008, Singen 2008.

Geheimnis Nummer 42

Bruker, Manfred: a.a.O., S. 113.

Geheimnis Nummer 43

Burger, Oswald: Die Geschichte der Juden in Überlingen, in: Jüdische Gemeinden am Bodensee, Konstanz 1999, S. 17.

Geheimnis Nummer 44

Seebote, 18. Juni 1904.

Südkurier 9.1.1993 und 10.10.1998.

Geheimnis Nummer 45

Mitteilungsblatt der Stadt Überlingen, August 1968, Nr. 12. Redaktion Dr. W. Bühler, Überlingen.

Stadtarchiv Überlingen.

Geheimnis Nummer 46

Exner, Matthias (Hrsg.): Wandmalerei des frühen Mittelalters. Hefte des deutschen Nationalkomitees XXIII, München 1998.

Geheimnis Nummer 47

Burger, Oswald: unveröffentlicht.

Geheimnis Nummer 48

Bezirksstelle für Naturschutz und Landschaftspflege Tübingen: „Würdigung des Naturdenkmals", Tübingen, 1994.

Geheimnis Nummer 49

Burger, Oswald: Der Engel vom Ostbahnhof, in: Leben am See. Jahrbuch des Bodensee-Kreises, Band 21, Tettnang 2004, S. 141-148.

Geheimnis Nummer 50

Burger, Oswald: Romeo und Julia in Überlingen. Eine Tragödie und ihr Roman, in: Leben am See, Band 16, Tettnang 1999, S. 119 bis 129.

Seebote, Überlingen, 28.2.1929 und 4.3. 1929.

Staatsarchiv Freiburg, Bestand F 178/1 Pack 1/I Tabelle P 1929.

Haftungsausschluss

Trotz intensiven Austauschs mit unseren Gesprächspartnern, gewissenhafter Literaturrecherche und aufmerksamen Korrekturlesens erheben wir weder einen Anspruch auf Vollständigkeit noch auf Fehlerlosigkeit. Wir haben streng darauf geachtet, keine Urheberrechte zu verletzen, unsere Recherchen sind nach bestem Wissen und Gewissen erfolgt. Dennoch übernehmen wir keinerlei Gewähr für die Aktualität, Korrektheit oder Vollständigkeit der bereitgestellten Informationen. Haftungsansprüche gegen uns schließen wir grundsätzlich aus.

HÖDINGEN

7 **41**
16

250
Meter

B 31

GOLDBACH

28

46 **25**

Seehaldenstr.

Wilhelm-Beck-Str.

Uhlandstr.

Gällerstr.

Breitlestr.

Bodanweg

Aufkircher Str.

Jakob-Reutlinger

20

Auf dem Stein

26

Obere Bahnhofsstr.

Überlingen-Therme

44

39

31

Stadtgarten

2 | 27 | 35

47

Bahnhofstraße

24

Christop

250
Meter

B 31

48

NUßDORF

Zahnstr.

11

Litscherweg

| 17

5

18

Friedhofstr.

Friedhofstr.

22 | 30
19

Hochbildstraße

Hägerstr.

Überlingen
Bahnhof

Obertorstr.

6

15

23 | 34

32

Krummebergstr.

Jörg-Zürn-Str.

3

29

38

Johann-Kraus-Str.

1

Münsterplatz

14

Gradebergstr.

10 | 40
42 | 21 | 33

Sankt-Ulrich-Str.

37

47 45

43

Hofstatt

Münsterstr.

Helltorstr.

12

Hafenstr.

Schillerstraße

4

Seepromenade

5

6 | 50

Mühlenstr.

49

Sankt-Ulrich-Str.

Seestr.

Jahnstr.

100
Meter

Auch
Villingen-Schwenningen
hat viele Geheimnisse

Gehen Sie mit uns auf Spurensuche und entdecken Sie…

… Spuren von Hexen, eine seltsame Hausnummer, den Sieg eines Bäckers über einen Bürgermeister, eine Eiche, die als Galgen diente, ein Steinkreuz, das an einen grausamen Mord und eine tragische Liebesgeschichte erinnert, ein geheimnisvolles Metalltürchen am Münster, tiefe Krater im Stadtwald, die von Freundschaft unter Feinden künden und vieles mehr...

Eva-Maria Bast, Heike Thissen

Geheimnisse der Heimat
Ausgabe Villingen-Schwenningen

Erhältlich im Buchhandel, in den SÜDKURIER-Geschäftsstellen oder online unter: geheimnisse@suedkurier.de

Die Lieferung ist kostenlos. 12,90 Euro.

ISBN 978-3-00-035900-2

Besuchen Sie uns im Internet:

www.suedkurier.de
www.buero-bast.de